GIOVANNA VACCARO

Autora de *Procura-se*

E se...

GIOVANNA VACCARO

2ª Edição

Copyright© By Editora Coerência 2016

E SE... © GIOVANNA VACCARO
2º Edição — Editora Coerência — Brasil
Todos os direitos reservados pela Editora Coerência

Produção Editorial

Diretora Editorial	Lilian Vaccaro
Revisão	Evelyn Santana
Capa	Décio Gomes
Diagramação	Bruno Lira

Dados Internacionais De Catalogação Da Publicação (cip)

Vaccaro, Giovanna
    E Se...

2. Ed. — São Paulo — Editora Coerência 2016

ISBN: 978-85-92572-10-5

1. Literatura Brasileira. 2. Romance I. Título

CDD. 869.3

Editora Coerência
Rua Pinhancó, 12A
Parque São Rafael — SP — Cep . 08320-350
Site: www.editoracoerencia.com.br
E-mail: lilian@editoracoerencia.com.br
Tel.: (11)2011-3113

Texto de acordo com as normas do Novo Acordo Ortográfico da Língua Portuguesa (1990), em vigor desde 1º de Janeiro de 2009.

Para Luigi.

VOCÊ ME IRRITA DE UMA MANEIRA
QUE EU ACHO SER IMPOSSÍVEL,
MAS É UM IRMÃO DIVERTIDO.

FOI O IAN PERFEITO DURANTE ESSE TEMPO

Playlist

Troye Sivan – Happy Little Pill
Halsey – Colors
Shawn Mendes – The Weight
Sam Smith – Lay Me Down
Zayn – Pillowtalk
Emili Sandé – Read All About It
Alessia Cara – Here
Troye Sivan – The Fault In Our Stars
The Girl and the Dreamcatcher – Glowing in The Dark
Rudimental – Lay It All On Me ft. Ed Sheeran
Adele – When We Were Young
Ariana Grande – Dangerous Woman
Shawn Mendes – I Know What You Did Las Summer feat. Camila Cabello
Troye Sivan – BLUE ft. Alex Hope
Taylor Swift – Out Of The Woods
Sia – Alive
The Weeknd – The Hills
Ross Lynch – On My Own
Justin Bieber – I'll Show You
DNCE – Toothbrush

Você pode ouvir a playlist em Spotify: E Se... – Giovanna Vaccaro

"Na teoria do caos,
um simples sorriso
pode mudar seu destino."

YAGO RICARDO

GIOVANNA VACCARO

Sem querer
17 de junho de 2014

"A vida é cheia de mudanças. Às vezes elas são dolorosas, outras vezes são lindas e, na maioria das vezes, ambas as coisas."

(Smallville)

A chuva fazia com que minha visão turvasse, eu não via nada nitidamente. Meu cabelo e minhas roupas estavam encharcadas e eu não conseguia encontrar uma saída para aquilo.

Não sei como havia acontecido, não lembro direito. Numa hora, estava são e salvo, assistindo a um show de uma das minhas bandas preferidas com meu melhor amigo, Ian. Minhas roupas secas não pesavam sobre meu corpo e meu cabelo não derramava gotas em meus olhos. Em outra, tinha as roupas e os cabelos encharcados, estava em perigo e uma arma apontava para minha cabeça.

— Falei para me passar o celular! — gritou com voz fina a pessoa que apontava o revólver em minha direção.

— Juro que estou sem celular, cara. — Adiantei-me, tateando os bolsos para provar que não estava com o aparelho.

— Não sou um *cara*! — berrou, a silhueta esguia escondida nas sombras e puxou o gatilho da arma. — Sou uma *garota*!

Olhei para os lados mais uma vez para verificar se

não havia nenhuma saída daquele beco escuro, mas a chuva não permitiu.

— Olha — tentei de novo enquanto levantava as mãos na altura da minha cabeça —, eu não trouxe o celular, deixe-me ir.

— Ah! — gargalhou a voz nervosa.

A silhueta escura endireitou o corpo, deixou uma mexa de cabelo loiro sair do capuz preto, esticou o braço apontando a arma mais uma vez em minha direção e respirou fundo. Eu pude sentir que ela não queria fazer aquilo, ela não queria *matar* uma pessoa.

Ela assentiu para si mesma como se concordasse com seu próprio pensamento, hesitando por um segundo. Respirou e mirou a arma o mais precisamente possível.

Eu juro, acho que se ela demorasse um pouco mais, talvez eu pudesse fugir, mas mal pude ter esse pensamento. Senti uma dor excruciante em meu braço esquerdo um segundo depois que o som alto da arma alcançou meus ouvidos.

Minha visão se escureceu, tentei ver o estado do meu braço, mas fui incapaz. A chuva fez com que a ferida ficasse à mostra e latejasse com tanta dor. De repente, tudo começou a se mover em câmera lenta.

Olhei para frente e vi o rosto da silhueta escura. Era um rosto fino, pálido e... lindo. Por um segundo me esqueci da dor.

Um clarão cegante iluminou meu rosto, a silhueta, que agora eu sabia como era, deu um pulo de susto e olhou para trás, para ver de onde vinha a luz.

Não esperei nem um segundo a mais, corri o mais rápido que pude, passei pela silhueta e ouvi-a dando outro grito de susto enquanto saía correndo atrás de mim. Olhei em volta e não vi nada onde pudesse me esconder.

Não que eu estivesse com medo de uma garota...

Havia um homem velho tentando acionar o alarme do carro, mas não me parecia que ele fosse conseguir.

Cobri a ferida em meu braço com a mão para tentar estancar o sangue. Corri em direção ao velho e tomei a chave de suas mãos, ele mal pôde gritar, não houve tempo para isso. Foi tudo muito rápido. Entrei no carro e dei a partida.

GIOVANNA VACCARO

De repente
17 de junho de 2015

"Se há uma maneira de uma coisa dar errado, dará."
(Lei de Murphy)

Eventualmente falando, sou uma boa pessoa. Claro, acho que menti para meus pais algumas vezes, mas nada de muito sério, juro. Acho que foi alguma coisa em relação a ter escovado os dentes ou algo que fosse mais idiota ainda.

Já colei em algumas provas, não que eu seja ruim na escola, pelo contrário, sou um ótimo aluno, mas, francamente, física não foi criada por Deus.

Fora isso, acho que sou uma pessoa normal, uma *boa* pessoa, com aquele rótulo comum. Sou o alguém que chamam de "pessoa de bem". Afinal, nunca matei nem desrespeitei os dez mandamentos, a não ser roubar. Tudo bem que não sei os dez mandamentos de cor e salteado, mas nunca fiz nada *grave*.

Mas tenho quase certeza de que não estou cumprindo as ordens, se é assim que se fala. Não estou seguindo pelo caminho certo.

Aliás, tenho *certeza*.

Porque, se eu fosse uma pessoa verdadeiramente boa, não estaria em um reformatório, tendo que limpar os corredores e os armários.

Colocaram-me nesse lugar injustamente. Juro que não fiz nada de errado, pelo menos não *eu*. Foi tudo culpa daquela garota louca que queria meu celular e me deu um tiro. Eu apenas roubei o carro em legítima defesa, mas sempre me culpam mesmo...

Se meus pais quisessem me tirar daqui, eles teriam feito assim que cheguei, mas decidiram me deixar — haviam prometido que seria por pouco tempo, mas não tinha sido exatamente assim. Disseram que eu devia aprender uma lição, coisa que, para ser sincero, eu não precisava, já que não tinha sido o culpado.

A única regra que eu estava quebrando naquela noite era a de estar no lugar errado e na hora errada. Tudo aconteceu muito rápido e eu mal pude notar. Só percebi quando estava no hospital, com enfermeiros cuidando do meu braço ferido.

Se fosse mais esperto, teria saído daquele lugar na velocidade da luz.

Mas pelo que sei, ainda não sou um super-herói, pelo menos não que eu saiba. Ainda não saem teias de aranha pelos meus dedos, não voo e nem sou forte, não sou de ferro e não tenho visão raio-X.

Resumindo, não tenho nenhum poder que seja heroico o suficiente para que eu pudesse sair daquele beco e escapar de ter que ir para o reformatório.

Então, aqui estou. Eu, Logan Moore, um menino de dezessete anos que foi pego roubando um carro de um velhinho descuidado e veio parar em um reformatório sujo e esquisito. Este sou eu.

Eu diria que sinto muito em decepcioná-los, mas não é verdade. Eu não ligo. A experiência me ensinou que o interesse provoca expectativa e esta traz decepção. Então a chave para evitar a decepção, é evitar ter interesse.

A igual a B, B igual a C, C igual a A. Algo assim.

No final das contas, também não me interesso em ser uma pessoa boa ou ruim. Até onde sei, de qualquer forma você está ferrado.

As pessoas más são castigadas pela lei da sociedade, como um ladrão que assalta pessoas e rouba estabelecimentos. Ele será preso ou morto por policiais. *Lei da sociedade.*

E as pessoas boas... São castigadas pela *Lei de Murphy*.

Estava sentado na última carteira, como sempre, o Sr. Thomas, nosso professor de geografia, estava explicando alguma coisa que eu julgava não ser importante o bastante para prestar atenção. Ele tinha pequenos olhos castanhos que ficavam escondidos por trás de óculos gigantes, sua pele era escura e com muitas marcas de expressão. Em vez de estudar como qualquer pessoa com consciência faria, eu desenhava na carteira. Um desenho muito malfeito, observei, em minha opinião, eu já tinha feito ótimos desenhos, mas aquele ...

Nenhum dos alunos prestava atenção, aliás, todos estavam fazendo pouco-caso do pobre Sr. Thomas. Eu o achava um cara *superlegal*, mas era muito parado, podia variar um pouco na matéria. Assim, acho que eu até poderia *pensar* em prestar atenção.

Não, acho que não prestaria atenção nem se ele pulasse de *Bungee Jump*.

A porta se abriu e o Sr. Müller, que, ao contrário do Sr. Thomas, não era totalmente careca — que também é o tipo de pessoa que deveria ser banido do planeta Terra — entrou acompanhado de uma menina baixa, magra, com cabelos loiros quase brancos e olhos cor de âmbares brilhantes.

— Esta é Olivia Wolf, não peguem muito pesado! — disse ele apressado e depois saiu da sala batendo a porta.

Algumas meninas que sentavam perto da janela cochicharam algo e riram baixinho com aquele sorriso que todo mundo sabia que não poderia existir naquele reformatório.

Ela se sentou do outro lado da sala, duas carteiras para trás das garotas que não gostavam de ninguém, sua face transmitia insegurança e um certo desespero. Parecia perdida.

Tirei as pernas de cima da mesa e aproveitei que o Sr. Thomas estava debruçado sobre um livro, então me levantei.

Lembro que antes de entrar naquele lugar horrível, eu não era nem um pouco interessante e muito tímido. Depois de quase um ano naquele lugar, aprendi a confiar em mim mesmo, a ser menos modesto e *quase* exímio.

Acho que se aquele átimo tivesse me acontecido meses atrás, ficaria em minha mesa e faria o que o Sr. Thomas mandara, mas aquilo estava acontecendo agora. E no *agora*, eu podia fazer o que queria.

A sala não estava tão cheia quanto uma sala de aula normal, havia várias mesas desocupadas. Sentei-me na cadeira que se localizava atrás da menina loira que acabara de entrar.

E Se...

Eu queria, não sei, fazer amizade? *Não*. Ali não se faziam amizades.

Mas queria ajudá-la. Ela parecia triste e... com medo. Por outro lado, se ela havia sido mandada para um reformatório cheio de delinquentes era porque tinha aprontado *alguma coisa* ruim o bastante para merecer aquilo.

Ela vestia roupas pretas, como o uniforme não padronizado mandava, tinha os cabelos presos em um coque desleixado e havia um pouco de maquiagem, eu reparei.

Provavelmente, tinha sentido meus olhos cravados nela, porque se virou e me encarou por um tempo com a cara fechada.

— Por que está me olhando? — perguntei bem-humorado.

— Por que *você* está me olhando? — rebateu ela, arrogante.

Eu ri.

— Tem algo em seu cabelo. — Desviei o olhar para sua franja, que caía perfeitamente sobre seus olhos.

Ela estreitou o olhar e mexeu com uma das mãos em seu cabelo, bagunçando-o.

Eu ri, ela me reprovou com os olhos faiscando e se voltou para frente.

Inacreditável. Realmente, não entendi.

O sinal tocou e saí da sala o mais rápido que pude, mas fui parado quando uma mão tocou meu ombro timidamente, como se estivesse com vergonha. Olhei para trás para ver quem era o dono daquela mão e encontrei os olhos cor de âmbar de Olivia.

— Hã... eu gostaria de pedir desculpas? — Ela parecia desconfortável.

— Para mim? — perguntei, desconfiado.

— Para quem mais? — disparou, desvairada.

— Você é sempre assim? — saí do assunto.

— Assim como?

— Meio... temperamental — respondi rindo.

— Eu... O quê? — Ela desviou o olhar para seus tênis incrivelmente limpos.

— Só estava brincando. — Virei-me e continuei a andar.

— Estou me desculpando porque acho que fui muito grossa na sala de aula. É meu primeiro dia e acho que não estou no direito de...

— Aqui todos são grossos, não tem problema — interrompi-a.

— Mas o caso é que *eu* não sou e me sinto mal pelo que disse a você. — Ela soltou o ar, ainda parecia perdida.

Estávamos no corredor. As mesmas garotas da sala de aula passaram por nós e gargalharam da cara de Olivia, que desviou o olhar e tentou se concentrar em mim enquanto suspirava.

Tocou em minha mão, meio desconfiada. Parecia com medo. Ela não me parecia uma menina encrenqueira, como as outras, por que estava naquele lugar?

— Obrigada. — Suspirou Olivia ao meu lado, limpou a garganta e completou: — Por entender.

Olhei com curiosidade para ela.

— Você quer conhecer a SMinL? — perguntei, me referindo ao reformatório, que se chamava "Saint Monica in Lewisville", mas era um nome muito grande para ser usado.

— Ah, sim. Obrigada — agradeceu envergonhada.

Definitivamente ela não pertencia àquele lugar. Ninguém ali agradecia aos outros. Não que todos fossem mal-educados, eu não era, pelo menos, mas não era costume.

Mostrei para ela basicamente tudo. Comecei pelo prédio A, onde estávamos, mostrei o refeitório, as salas de aula, os jardins, os espaços que tínhamos para aproveitar o dia, os campos, as quadras de esportes e a piscina, mostrei tudo a ela.

Parecia que a cada passo que Olivia dava em direção aos dormitórios, seus olhos se apagavam mais um pouco.

— Então — tentei puxar assunto —, o que você fez de tão errado para estar aqui? Você não me parece com uma das pessoas deste lugar.

— Está dizendo que não pareço *má* o suficiente para um reformatório? — perguntou ela, saindo do devaneio.

— Nem todas as pessoas aqui são más — falei, encarando-a. — Eu estou aqui e nunca matei ninguém.

— Ah, pensei que para entrar aqui deveríamos ter uma lista de assassinatos de uns sete metros. — Gargalhou.

Eu a fiz rir.

— Não precisa. — Sorri. — Na verdade, algumas pessoas aqui só vieram para cá por, sei lá, atravessar fora da faixa?

— Eu sabia! — Gargalhou. — Sabia que você não tinha cara de assassino. Ah, meu Deus, como você é marginal, atravessou fora da faixa.

— Ei, eu não disse que tinha sido *eu*.

— Então o que a minha mãe falaria se descobrisse que estou andando por aí com um assassino? — questionou-se ela.

Gargalhei.

— Não matei ninguém, juro — falei sorrindo. — Roubei um carro, apenas. E você? — quis saber.

— Eu... — começou, mas percebi que não havia coragem em seus olhos, então ela desviou do assunto. — Logan, eu posso te falar uma coisa?

Fiz que sim com a cabeça.

Nós andávamos pelo imenso jardim da frente, lado a lado. Olivia mexia em uma delicada pulseira prateada em seu pulso esquerdo. A pulseira cobria parte de uma pequena tatuagem, cinco pássaros pretos voando em uma única direção.

— Você me parece um cara um tanto... sozinho — falou baixo.

Era verdade, eu era meio solitário. Se eu não contasse com Liam, meu colega de quarto, não teria nenhum amigo no reformatório.

— Eu não estou sozinho. Tenho meus amigos imaginários.

Olivia riu.

— Não, eu estou falando sério — afirmou ela.

— Eu também.

Ela olhou para frente e eu me dei como vencido.

— É bom encontrar alguém mais louco do que eu — falou ela, ainda rindo.

E Se...

Átimo
15 de julho de 2015

"Diga a verdade ao menos uma vez na vida. Você se apaixonou pelos meus erros."

(Engenheiros do Hawaii)

Depois de quase um mês da chegada de Olivia, tínhamos nos tornado grandes amigos. Praticamente fazíamos tudo juntos e, sem dúvida, quando eu estava perto dela meu dia ficava mil vezes mais emocionante.

Mesmo estando no meio das férias de verão, ainda tínhamos aulas semanais. Dependendo do professor, poderíamos ser dispensados mais cedo. Depois da aula de História, eu e Olivia saímos para caminhar pelo campus.

Era julho e fazia um calor quase insuportável. Decidimos nadar um pouco. Por mais que eu estivesse em um reformatório, achava incrível o fato de termos uma piscina.

Estávamos andando em direção a ela, até que a toalha de Olivia caiu no chão e ela tropeçou no meio do jardim.

Esforcei-me muito para parar de rir depois que vi Olivia com uma cara de "se você rir por mais um segundo, eu te dou um soco".

— Vamos logo, Liv, levante! — exclamei, ainda tentando não rir.

— Pode ir nadar sozinho — bufou ela do chão. — Se

precisar de mim, estarei aqui no chão morrendo.

Parei de rir e a ajudei levantar.

— Vamos logo. Estou morrendo de calor! — ela gritou feliz depois que estava de pé.

Eu nunca tinha conhecido uma pessoa que mudava de humor tão rápido, uma pessoa que fosse tão dramática e extrovertida ao mesmo tempo.

— Às vezes não entendo você — sussurrei para que ela não ouvisse.

Mas ela tinha ouvido. Liv se colocou à minha frente e ficou a centímetros de distância de mim.

— Você *nunca* me entende. Essa é a graça — sussurrou ela ao meu ouvido, com um meio sorriso.

Sorri sem graça e voltei a andar em direção à piscina.

Estranhamente, naquele dia, não havia pessoas brigando ou se xingando. Tudo parecia tão... calmo.

Deixei minha toalha em um dos bancos e tirei a camisa, ficando apenas de bermuda. Estava pronto para pular na piscina quando notei Olivia me olhando com espanto.

— O que foi? — perguntei

— Nada, eu... — Não terminou a frase.

— O que houve? — repeti impaciente

— É só que, com a camisa você não me parece ser tão... — Suspirou, corada. — ... definido.

Gargalhei enquanto negava com a cabeça.

Pulei na piscina e esperei até Olivia mergulhar.

— Eu não te entendo também — falou ela, passando as mãos pelos cabelos molhados.

— E por que não?

— Todos aqui são agressivos e estranhos... Menos você. Ao contrário deles, você parece bom demais para ser verdade.

— Não gosto muito de brigas — falei rápido para desviar a conversa.

— Então você está no lugar errado. — Riu Olivia.

— Ah, claro, como se você fosse a maior valentona desse lugar. — Soltei uma risada fraca, arqueando as sobrancelhas.

Era verdade, não gostava de brigas. Quer dizer, eu *odiava* brigas, não por ser um cara *super* do bem — porque eu não era —, mas porque eu sempre saía machucado.

— Onde você morava? — perguntei para preencher o vazio.

— Dallas. — Deu de ombros.

— Por que nos conhecemos só agora? — falei animado. — Também sou de Dallas.

Olivia riu, sem saber o que responder.

Nadamos até tarde e conversamos sobre coisas sem nexo, como fazíamos todos os dias. À noite, eu não consegui dormir direito. Fiquei a noite inteira pensando em Olivia, não sei bem o porquê, mas pensar nela me acalmava. Tudo nela me acalmava. Seu jeito, sua risada, seu rosto, suas roupas, aquela tatuagem delicada em seu pulso, o jeito como ela me olhava e sorria... Ela me transmitia paz.

Repassei em minha mente todas nossas conversas, todas as vezes que Liv me tocou e todas as vezes em que estive ao seu lado. Lembrei-me de tudo. Desde o seu primeiro dia de aula em SMinL até agora.

Reparei, porém, que apenas ela sabia o porquê de eu estar preso naquele reformatório, só ela sabia o que se passava precisamente em minha cabeça. Ela sabia muito mais sobre mim do que eu sabia sobre ela.

Parecia que não confiava em mim tanto quanto *eu* confiava nela. Ela não havia me contado quase *nada* sobre si. Eu só sabia que ela vinha de Dallas e que tinha uma irmã mais nova chamada Isabelle.

Ela não havia me contado mais nada e aquilo me deixava um pouco inquieto. Eu confiava nela, por que ela não confiava em mim? Não havia me contado nem o motivo de ter sido trazida para o reformatório.

Decidi que descobriria tudo sobre Liv. Não me importava se ela me dissesse ou não, eu descobriria tudo, principalmente o motivo de ela estar naquele lugar.

— Preciso falar com você! — falei assim que vi Olivia sentada em um banco perto do jardim da frente.

— Sou toda ouvidos — disse ela com aquele sorriso marcante.

Como eu começaria? Percebi que não tinha nenhum argumento e que não tinha me preparado para perguntar tudo que queria a ela.

— Antes de você falar… Preciso fazer uma pergunta.

Concordei com a cabeça quando percebi que não conseguiria dizer o que queria.

— Quando cheguei aqui, eles pegaram meu celular. Mas hoje de manhã vi alguns meninos perto da piscina falando que haviam mandado uma mensagem para alguém. O único tipo de mensagem que conheço é SMS e, meu Deus, se eles têm celulares, por que *eu* não posso ter?

— ela falou rápido.

— Os que estão aqui há mais tempo têm celulares — falei. — Quando o Sr. Müller passa pelos dormitórios pegando os celulares e os aparelhos eletrônicos, eles dão os antigos, os que não funcionam e, sem que o Sr. Müller perceba, ficam com os celulares normais escondidos em algum lugar, para o caso de precisarem ligar ou mandar mensagem para alguém de lá de fora.

— Ah, meu Deus! — ela gritou empolgada. — Como não pensei nisso antes?

— Bom, eu pensei — me gabei, rindo.

— Não acredito! — ela falava rápido. — Por que não me contou antes?

— Isso não é o tipo de coisa que se fala a qualquer momento. — Sorri.

— Então você pode me emprestar o celular?

Então você pode me emprestar o celular?

Sua voz ecoou em minha cabeça.

Eu já havia escutado uma frase parecida e naquela mesma voz. *Mas como...?*

Como se fosse um *flash*, me lembrei de onde tinha a ouvido. Não era possível.

— Olivia, por que você foi mandada para esse lugar? — perguntei boquiaberto.

Liv me olhou com uma face totalmente diferente.

— Eu... — começou — ...*não gosto de* me lembrar.

Olhei para ela e dei um meio sorriso.

— Não tem problema, você pode confiar em mim.

Ela torceu o nariz e suspirou, dizendo:

— Eu roubei — respondeu ela

Não era tão estranho ouvir suas palavras. Muitas

pessoas ali haviam feito isso, inclusive eu.

Arregacei as mangas da minha blusa e deixei à mostra meu antebraço. Havia uma cicatriz deformada. O tiro que me deram naquela noite do assalto.

— O que foi isso? — perguntou Liv, apontando para minha cicatriz, que era um tanto grande.

— Um tiro — falei sem rodeios.

Ela desviou o olhar, fechando os olhos com força.

— Fui eu, não fui?

— Acho que sim — respondi a verdade sobre meus pensamentos.

Ela olhou para mim e eu vi lágrimas em seus olhos.

— Logan... — chamou —, eu sinto muito.

Concordei com a cabeça, me lembrando daquela noite.

Se não fosse por ela, eu estaria em casa com meus pais e meu melhor amigo, seria um adolescente normal. Se não fosse por *ela*, eu não teria roubado aquele carro e não estaria preso em um reformatório. Se não fosse por Olivia...

Não havia volta, não tinha como mudar o passado.

Ao meu lado, Olivia soluçava.

— Ei! — tentei. — Liv, não precisa chorar.

— Como posso *não* chorar? — sussurrou ela, em meio às lágrimas. — Eu sinto muito, Logan, sinto muito.

— Eu sei, Liv, não tem problema... — comecei.

— Claro que tem problema, eu machuquei você. Olhe só para a cicatriz que lhe fiz. Você está aqui por minha causa. — Sua voz falhou. — Eu sinto muito.

Passei meu braço em volta de seus ombros, Liv hesitou por um momento, mas depois apoiou sua cabeça em meu ombro, fazendo-a chorar por mais um tempo.

— Dizem que se você chora por ter perdido o sol, nunca verá as estrelas — sussurrei em seu ouvido.

— Quem disse isso? — perguntou ela com os olhos apagados.

Senti-me mal por ela estar daquele jeito. Eu não gostava de vê-la triste, eu amava seu sorriso e sua risada, não suportava ver suas lágrimas caírem.

— Não sei, acabei de inventar. — Acabei rindo.

Ela tirou a cabeça de meu ombro por um segundo, olhou para mim com um meio sorriso e depois voltou a apoiar a cabeça em mim.

— Você daria um bom autor de frases do *Tumblr*. — Riu timidamente.

— É, eu sei.

— Eu sinto muito — sussurrou ela, se levantando do banco.

Ela já havia andado uma boa parte do jardim. Corri para alcançá-la e fiquei à sua frente.

— Eu não me importo com o passado, e sim com o presente — falei sem jeito, me aproximando.

Pude sentir sua respiração na minha e quis desesperadamente *tocar* nela. Ainda havia lágrimas em seus olhos. Toquei em sua bochecha e limpei uma lágrima caída com meu polegar. Senti o coração de Olivia se acelerar junto com o meu e, então, a beijei.

Olivia correspondeu ao beijo com a mesma intensidade. Eu podia *sentir* tudo. Contornei sua cintura com uma das minhas mãos enquanto ela passava uma das suas pelo meu cabelo e contornava meu pescoço com outra.

Naquele átimo, percebi o quanto Olivia era estonteante.

GIOVANNA VACCARO

Contratempo
31 de julho de 2015

"Uns fumam, outros bebem, outros se drogam e outros se apaixonam. Cada um se mata à sua maneira."

(irOnic)

Duas batidas na porta.

Não importava quem fosse, era sábado, não ia atender ninguém àquela hora da manhã. Olhei para o relógio ao lado da minha cama. 10h. Ignorei e deitei minha cabeça no travesseiro novamente.

Mais duas batidas.

Quando percebi, as batidas estavam quase no ritmo de uma música conhecida. Ri com a coincidência e me levantei, bufando.

Abri a porta e me deparei com Olivia, que me olhou dos pés à cabeça e ergueu uma das sobrancelhas.

— Uau. Eu deveria vir te acordar mais vezes.

Olhei para meu corpo e reparei que estava só de bermuda.

— Bom dia para você também — falei, sorrindo.

Ela ignorou meu comentário, sorriu e me invadiu com um abraço apertado, entrando no quarto. Retribuí o abraço por um tempo.

Olhei em volta e notei que Liam, meu colega de quarto, que não se importava com nada, não estava no dormitório. Retirei os braços que cercavam Olivia, e sem nenhuma hesitação, nem da minha parte, nem da de Olivia, beijei-a com intensidade. Ela correspondeu ao beijo na mesma fúria enquanto entrelaçava os dedos em meu cabelo.

Ela se afastou por um minuto e disse:

— Eu ainda sinto muito pelo que fiz. Você não disse nada sobre ter me perdoado.

— Pensei que você já tivesse entendido — falei, tentando soar sério.

Ela me olhou de um jeito diferente e afirmou:

— Acho que não.

— Eu não quero te ver nunca mais em toda minha vida. Você feriu os sentimentos da minha mãe quando ela teve que me mandar para cá e ainda me fez ficar três horas com uma enfermeira velha e feia tentando tirar uma bala do meu antebraço. — Contornei sua cintura com meus braços e fiz com que ela se aproximasse mais de mim. — Eu odeio você e é por isso que estou te beijando agora.

— Mas você não está me beij... — começou ela, com um sorriso malicioso nos lábios.

Interrompi-a com um beijo quente. Ela correspondeu enquanto contornava meu pescoço com as mãos, depois se afastou um pouco e, então, encostei minha testa na dela.

— Me esqueci de avisar que o Sr. Müller mandou eu te chamar — falou ela, timidamente.

— Ah — suspirei —, eu tenho coisas mais interessantes a fazer...

Dei-lhe um beijo demorado.

Ela se afastou, colocando as mãos em meu peito e

gargalhou. Estava corada.

— Por mais que eu goste de fazer "coisas mais interessantes", o Sr. Müller vai me matar se você não for vê-lo agora — ela disse, me reprovando com os olhos.

Assenti com a cabeça e sorri, vencido.

Calcei meu tênis e vesti uma camiseta cinza. Dei uma olhada no espelho. No reflexo, eu via um cara com aproximadamente 1,82m de altura, cabelos castanhos desajeitados, olhos tão azuis quanto uma pedra de safira, um sorriso torto nos lábios, pele clara e uma postura despojada.

Olhei para Olivia uma última vez antes de atravessar a porta e vi aquele sorriso perfeito em seus lábios.

Atravessei a porta e dei de cara com o Sr. Müller. Ele estava com a face contorcida e não sabia ao certo para que lugar olhar.

Atrás de mim, fechei a porta para que ele não visse Olivia do lado de dentro. Não era permitido que as garotas fossem aos dormitórios masculinos — e vice-versa.

— Logan — saudou ele, me estendendo a mão, que aceitei —, eu mandei uma das novatas te chamar, mas acho que a delinquente se perdeu no caminho, porque já se passaram quase quarenta minutos.

Tentei esconder o sorriso.

— Mandei-a te chamar para que fosse até meu escritório. — Ele ainda não tinha achado um lugar para fixar o olhar. — Preciso te dar uma notícia consideravelmente ruim.

Balancei a cabeça, concordando, para que ele continuasse.

— Recebemos uma ligação pela manhã, hoje. Era seu pai — ele começou, hesitante.

Prendi a respiração, preocupado com meu pai.

— Sinto informar-lhe que sua mãe, Logan, faleceu ontem à tarde em um acidente de carro — ele disse, sem mais nem menos, com pesar nos olhos.

Parecia que eu não havia entendido o que ele falara. Minha expressão não mudou. Ele ficou me fitando por um tempo com cara de espanto.

Mas um minuto depois, minha visão começou a embaçar. Minha mãe... ela havia morrido? Senti as lágrimas escorrerem pelo meu rosto.

Olhei para o Sr. Müller em busca de mais informações.

— Eu sinto muito — falou, alto o bastante para eu ouvir em meio ao choro, ainda não conseguia acreditar. — Seu pai chegará às 16h para te levar para Dallas. Você poderá ficar lá até semana que vem.

Eu mal pude ouvir o que ele havia falado. Não sabia o que pensar, como agir, o que falar, então apenas balancei a cabeça, confirmando que tinha entendido.

O Sr. Müller pareceu satisfeito, deu meia volta e começou a andar na direção em que viera.

Fiquei ali, parado por um tempo, sem saber o que fazer. Meus olhos ainda queimavam por causa das lágrimas.

Minha mãe, uma pessoa tão boa, tão gentil, honesta e inteligente. Era linda e humilde. Era carinhosa, exímia, simplesmente *maravilhosa*.

Eu não imaginava um mundo em que ela não existisse. O que eu faria a partir de agora? Seguiria no piloto automático, como as pessoas fazem nos filmes depois de perderem alguém importante?

Não. Eu não podia ignorar aquilo.

Apoiei meu corpo na parede e me virei, ficando de costas para o corredor. Encostei minha testa na parede branca, para tentar fazer minha mente trabalhar mais rápido. Mas não estava funcionando. Eu só conseguia me lembrar da minha mãe.

A porta se abriu. Os olhos de Olivia estavam vermelhos. Ela ficou perto o bastante para que eu pudesse sentir sua respiração em minha nuca. Apoiou sua testa em meu ombro e ficou em silêncio.

Apesar dos fatos, aquele momento parecia *certo*.

Então eu me virei e encarei Liv. Ela também não sabia onde fixar o olhar.

Abracei-a e, por mais que eu pensasse que aquele abraço não faria diferença, ele fez.

Quando Olivia me tocava, tudo melhorava. E pareceu que, com aquele abraço, ela havia me dado forças para continuar.

— Em um momento como este, o silêncio parece ser a única expressão que se encaixa — disse o pastor, que estava ao lado do caixão de minha mãe.

O caixão era branco, com detalhes dourados e vários tipos de flores o decoravam, deixando-o ainda mais bonito.

A igreja estava lotada. Todos conheciam minha mãe.

E quando digo "Todos conheciam minha mãe", quero dizer exatamente isto. Porque todos já haviam ouvido falar nela. Ela organizava os eventos mais famosos na cidade, como jantares da elite, shows beneficentes, recitais...

— O que nós, como simples homens, dizemos a um coração despedaçado e triste? — continuou o pastor Wilkerson, parecia muito triste e abalado. — Nós falamos hoje, porque temos uma esperança viva.

Todos pareciam arrasados.

— A morte não respeita as pessoas. A morte não respeita a juventude. A morte é uma intrusa dolorosa e uma lembrança maligna de nossa condição humana — falou, passando a mão sobre a tampa do caixão fechado.

Olhei para meu pai, que estava sentado ao meu lado. Sua postura estava ereta e sua face não estava distorcida como todas as outras faces da igreja. Ele tinha uma expressão normal no rosto, sem marcas de lágrimas, seus olhos não estavam vermelhos. Ele apenas parecia cansado.

— Pai? — chamei, sussurrando.

Ele me olhou e perguntou "o quê?" com os olhos, azuis como os meus.

— Tudo bem? — perguntei, hesitante.

Ele era o único que parecia bem, por que eu estava perguntando aquilo?

— Sim, só estou um pouco cansado. — Ele pousou a mão em meu ombro e depois tentou ajeitar minha gravata. — Quando chegarmos em casa, quero te contar uma coisa, e então você vai entender tudo — sussurrou mais baixo ainda e depois se voltou para o pastor.

Olhei para frente e tentei prestar atenção ao que o pastor falava.

— ... Mas eu estou diante de vocês hoje para declarar que temos uma esperança viva. E isto nos causa uma imensa alegria — ele continuou, limpando discretamente uma lágrima que caíra. — Nossa esperança, hoje, está no fato de que Jesus não está mais sepultado. Ele vive. E porque Ele vive, Adele também vive. Não em corpo, mas em espírito. E porque Ele vive, o coração partido e sofrido tem esperança e motivo para se alegrar.

Meu pai não falou nada para os presentes. Eu até gostaria de ter dito algo, mas minha mente não trabalhou o bastante. Apenas pensei que se Olivia estivesse comigo ela falaria algo, mesmo sem ter conhecido minha mãe, ela saberia exatamente o que falar. E, provavelmente, eu gostaria muito mais do discurso dela que do discurso do pastor Wilkerson.

Muitas pessoas, que eu não fazia a mínima ideia de quem eram, me abraçaram e desejaram as condolências.

Depois de um bom tempo e muitos abraços molhados — porque as pessoas não abraçavam apenas, elas choravam litros e litros em nossos ombros, o que deixava tudo ainda mais difícil de suportar —, voltamos para casa.

Não falei nada. Não parecia certo eu falar algo naquele momento, *nada* parecia certo. Meu pai não me dirigiu uma palavra sequer. Agora ele parecia realmente triste, talvez estivesse caindo a ficha. Mas ele ainda tinha algo diferente no olhar, um brilho esperançoso.

— Tudo bem. — Suspirou. — Logan, quero te mostrar uma coisa.

Assenti com a cabeça.

— Com certeza você percebeu que eu não estou tão abalado quanto você ou as outras pessoas... — começou ele.

Arqueei as sobrancelhas. Como ele podia dizer uma coisa dessas?

— Bom, calma! Não pense que sou um monstro —

pediu. — Eu quero te falar que tenho uma solução para tudo isto. Para todo este caos.

"Você está louco?", quis perguntar, mas ao contrário disso, fiz que sim com a cabeça e esperei que continuasse.

— Logan, não me olhe assim! — suplicou. — Por favor, você precisa prestar atenção. É um pouco difícil de explicar.

— Então comece logo! — disparei, tentando parecer o mais educado possível.

Ele fechou os olhos por um momento, como se quisesse um tempo só para ele, como se quisesse organizar seus pensamentos.

— Venha comigo! — Ele fez um gesto para que o seguisse.

Segui-o até o porão. Da última vez em que estive naquele lugar, estava em perfeita ordem. Meu pai era professor de física/química/biologia/robótica (todas as matérias difíceis, vamos dizer) em uma faculdade famosa que ficava nas redondezas. Ele usava o porão para experimentos e estudos, mas o utilizava muito pouco, porque nunca tinha realmente um bom motivo para estar naquele lugar.

Era quase como um laboratório.

Mas agora o porão estava realmente bagunçado. Papéis amassados em bolinhas jogados por todos os lados como se fossem rascunhos e frascos de vidro espalhados por todos os cantos, o lugar exalava poeira, era impossível respirar sem tossir. Papéis sobre máquinas grandes, cadernos e canetas pelo chão. Era difícil focalizar o olhar em algum ponto, porque sempre algo maior chamava a atenção. Parecia que um tornado havia passado pelo porão da casa dos meus pais sem que percebessem.

Olhei para meu pai com espanto. Como ele havia

conseguido fazer aquilo?

— Calma — vociferou. — Tenho um bom motivo.

— Você já pode parar de me enrolar — falei, revirando os olhos.

Ele concordou e andou até uma das várias mesas do porão. Havia caixas empoeiradas e frascos de vidros com líquidos dentro. Cadernos e anotações malfeitas preenchiam a mesa toda.

— Eu estou trabalhando nesse projeto faz pouco tempo — começou ele, sem rodeios. — Eu não tinha como experimentá-lo e não estava muito curioso, para falar a verdade.

— Como assim?

— Eu não tinha como experimentá-lo porque pode ser que não funcione. Você vai achar que isso é impossível, mas aqui dentro… — Ele pegou uma caixinha parecida com as caixas de analgésicos. — … está a resposta para tudo.

— O que tem aí dentro? — eu quis saber.

— Estas pílulas podem te levar a qualquer lugar… Quer dizer, a qualquer data na linha do tempo — disse, com os olhos brilhando. — Bom, é claro que se você ingerir alguma não vai poder ir para 1500 a.C, porque você não estava lá. Estas pílulas podem te levar a qualquer data em que você já *esteve* ou ainda estará.

— Ah, meu Deus! — soltei sem querer, incrédulo por ter ouvido meu pai falar sobre aquele tipo de loucura. — Está brincando?

— Você não acredita em mim?

— Me desculpe — vociferei. — Não tem como acreditar que você criou uma máquina do tempo em forma de remédio. Isto é extremamente *ridículo*.

— *Isso*, o que você está falando, que é ridículo. Estamos em um tempo em que qualquer coisa pode ser inventada. — Gargalhou, irônico. — Meu Deus, criaram o computador. Criaram a luz. Criaram o celular. Logan, essas coisas... — Ele apontou para os meus fones de ouvidos, que estavam pendurados no bolso da frente da minha calça. — ... que são ridículas.

— Isto é *normal*! — falei alto. — Ninguém inventa um remédio capaz de levar a pessoa ao dia do seu nascimento. Eu não acredito.

— Logan. Moore. Criaram. O. Google — meu pai falou pausadamente. — E eu não posso criar estas pílulas?

Ele realmente parecia um cientista maluco.

— O Google ajuda milhões de pessoas do mundo todo todos os dias, pai. Não tem nem comparação. — Eu comecei a rir.

— E você não acredita que isto... — Ele pegou a caixinha novamente. — ... possa ajudar?

— Nos filmes, *essas coisas* — frisei as palavras — estragam tudo.

Girei os calcanhares e comecei a subir as escadas, de volta para meu quarto.

— O que quero dizer é que estas *pílulas* vão trazer sua mãe de volta.

Aquilo me fez parar. Olhei para ele por cima do ombro e respirei fundo. Ele realmente pensava que aquilo a traria de volta? Eu não podia deixá-lo se iludir.

— Pai, isso... — comecei, mas então vi sua face triste. Antes estava esperançosa, mas agora estava deprimente. — Como funciona? — perguntei hesitante, não querendo decepcioná-lo.

Os olhos dele se iluminaram em uma fração de segundo.

— Venha até aqui! — chamou ele.

Desci as escadas e andei devagar até a mesa. Agora um sorriso torto estava se formando em seus lábios.

— Fiquei muito tempo trabalhando nesse projeto. É muito complicado. As linhas do tempo não podem ser alteradas. Elas são tão frágeis, Logan, você não faz ideia do quanto são frágeis. — Agora ele falava como se estivesse encantado com algo.

Parecia muito orgulhoso de seu trabalho.

— Eu estudei muito. — Suspirou. — Em 1942, Richard Feynman propôs uma tese que falava que o presente é composto por 50% do passado e 50% do futuro. Isso me fez pensar. — Ele revirava uma das caixas empoeiradas em busca de algo. — O passado e o futuro são certos demais. Mas há coisas que fizemos no passado, coisas tristes e erradas, que compõem o futuro. E se quisermos mudar o futuro, temos que começar com o passado.

Eu ainda não acreditava naquilo, mas fiz com que ele pensasse que eu entendia tudo e que acreditava em cada palavra que saía de sua boca. Precisava provar que ele estava errado.

— E como isso vai trazer minha mãe dos mortos? — falei, irônico.

Meu pai não se importou com o que eu disse.

— É como um acelerador de partículas. Ninguém sabe ao certo o que o tempo em si é realmente. Um acelerador de partículas teria uma voltagem tão magneticamente forte, que poderia ser capaz de levar algo ao passado — meu pai falou rápido, mas eu não entendi nada. — Os cientistas querem uma máquina do tempo. Eu, no caso, não tive tempo o suficiente para desenvolver uma máquina. Então, fiz pílulas. Espero que dê certo.

Assenti com a cabeça.

— Sua mãe bateu o carro, Logan — ele falou com lágrimas nos olhos. — Ela disse: "Austin, vamos ao mercado, preciso de ovos para fazer o bolo que você quer." Eu disse que estava cansando, disse para ela ir sozinha. E, por mais que aquilo fosse estranho, ela não se importou, apenas entrou no carro e foi. — Uma lágrima caiu. — E então eu recebi aquela maldita ligação.

Balancei a cabeça para ele continuar.

— Eu já tinha esse projeto, nunca me importei com ele. Mas, de uma hora para outra, é tudo o que me resta. Eu a amo, não conseguiria viver sem ela. É como se eu recebesse aquela ligação a cada dois minutos. Esta é minha única chance — meu pai falou tão rápido que quase não entendi as palavras. — Eu vou voltar àquele dia, Logan. Vou voltar e fazer com que ela não vá ao mercado comprar aqueles malditos ovos. — Ele começou a parecer zangado. — Além da minha esposa morrer, nem comi o bolo. — E, então, ele riu, uma risada triste.

Sentei-me em uma das poltronas acolchoadas que ficavam perto de uma grande máquina estranha.

Não podia deixar que ele fizesse aquilo. Eu ainda não acreditava que aquilo fosse funcionar. Se ele ingerisse aquela droga de pílula e não desse certo... eu nem queria *pensar* no que meu pai poderia fazer consigo mesmo.

Ele estava se iludindo com sua mentira.

— Pai — chamei-o —, eu não posso deixar que faça isso.

— Você não pode me impedir, Logan — ele falou firme.

— Isso não vai funcionar. O senhor sabe que não vai acontecer nada.

— Você está duvidando da minha inteligência? Eu

sou professor de uma universidade conhecida no mundo todo. Leciono oito matérias em tempo integral. Vamos dizer que estou prestes a ganhar o prêmio mais importante do mundo da física pela minha conquista de viajar no tempo. Você não precisa acreditar em mim.

— Eu vou te provar que isso não vai funcionar! — gritei, irritado, levando as mãos à cabeça.

Ele me olhou com irrelevância.

— Eu vou "viajar no tempo". — Fiz sinal de aspas no ar com meus dedos.

— Não vou deixar. Essa brincadeira foi feita só para *eu* participar — falou rindo.

Como ele podia rir naquele momento?

— Eu não pedi sua permissão.

— Tudo bem. Então prove que estou errado — ele me desafiou, com os olhos azuis arregalados.

Meu sangue pulsava fortemente em meus punhos cerrados.

Ele abriu a caixa empoeirada de novo e tirou de lá de dentro um pedaço de papel amassado em branco, uma caneta do bolso da frente da camisa social e me deu a caixinha com as pílulas. Eu a abri e observei que realmente pareciam analgésicos, estavam embaladas em cartelas prateadas, como remédios normais. Havia três cartelas com — fiz uma contagem rápida — umas dez cápsulas.

— Não preciso de trinta cápsulas. Aliás, não preciso nem de uma — falei irritado.

Ele levantou uma das sobrancelhas, me provocando.

— Agora escreva a data para onde você quer ir nesse papel e não desvie o olhar nem por uma fração de segundo. Cada detalhe é crucial e pode te levar para outra data totalmente diferente — ele disse com aquele sorriso que eu sempre via no espelho. Realmente eu me parecia muito com meu pai.

Peguei a caneta da sua mão com irrelevância e apoiei a mão na mesa para me equilibrar melhor. Eu sabia que aquilo não funcionaria, mas tentei pensar positivamente. Qual data eu escreveria no papel?

Eu seria uma pessoa super-realista e responsável se escrevesse a data em que minha mãe bateu o carro, certo?

Mas quem disse que eu sou inteligente? O professor da família era meu pai.

Escrevi uma data. Uma que eu gostaria de mudar. Se aquilo fosse possível, claro.

Notei, pelo canto dos olhos, que meu pai se decepcionou quando viu que não era a data que ele esperava.

Aquilo não daria certo. Eu tinha certeza.

Respirei fundo e coloquei uma das cápsulas na boca. Surpreendi-me quando percebi que tinha sabor de morango.

Guardei a caixinha no bolso por conta do hábito.

Olhei para o papel amassado e estreitei os olhos. Tentei me concentrar o máximo.

Cara, isso não vai dar certo.

Tentei esvaziar minha mente enquanto um leve sorriso aparecia em meu rosto.

Desviei o olhar para meu pai e estava prestes a falar que eu estava certo, que ele não conseguiria trazer minha mãe de volta, quando o chão começou a tremer. Olhei em volta, assustado. Meu pai sorria abertamente.

Os frascos de vidro começaram a cair no chão, as máquinas de ferro começaram a tremer. Minha visão ficou escurecida e embaçada ao mesmo tempo.

— Pai, como isso pode acontecer? Não é *possível*! —

gritei em meio ao barulho de vento que fazia em meu ouvido.

— O mundo é uma caixa de surpresas — ele gritou, rindo orgulhoso.

Então um clarão branco iluminou minha visão.

GIOVANNA VACCARO

E Se...

Prazo
17 de junho de 2014

"Toda manhã quando acordo, a primeira coisa que quero, é ver seu rosto."

(P.S Eu te amo)

A chuva fazia com que minha visão turvasse, eu não via nada nitidamente. Meu cabelo e minhas roupas estavam encharcadas e eu não conseguia encontrar uma saída para aquilo.

Esse pensamento inundou minha mente. Como se uma voz falasse ao meu ouvido. Mas eu sabia que não era uma voz, e sim o pensamento que tive naquele momento.

Olhei para minhas roupas e percebi que não vestia mais terno e gravata; estava de calça jeans preta, uma camiseta do Led Zeppelin e um moletom com capuz.

Estava encharcado. A chuva era tão forte que os pingos que caíam doíam em contato com a pele.

Olhei em volta. Estava exatamente igual àquela noite.

— Ei! — alguém chamou. — *Pssssiu!*

Olhei de soslaio por cima dos meus ombros e vi uma silhueta preta.

Ah. Meu. Deus.

Eu teria que pedir desculpas para meu pai. Ele era um gênio.

A silhueta tremia embaixo da chuva forte. Ela tossiu

algumas vezes e depois disse:

— Vai logo, garoto! Não enrola. Passa o celular!

Aquela voz...

Olivia.

— Falei para me passar o celular.

Não sei como havia acontecido, não lembro direito. Numa hora, estava são e salvo, assistindo a um show de uma das minhas bandas preferidas com meu melhor amigo, Ian. Minhas roupas secas não pesavam sobre meu corpo e meu cabelo não derramava gotas em meus olhos. Em outra, tinha as roupas e os cabelos encharcados, estava em perigo e uma arma apontava para minha cabeça.

Mais um pensamento antigo invadiu minha mente.

Olivia estremeceu embaixo da chuva, mas agora era diferente. Agora eu sabia quem era a dona daquela silhueta escura.

— Me desculpe. Eu não estou com meu celular! — gritei embaixo da chuva, tateando os bolsos para mostrar que não havia nada.

Surpreendi-me. Meu celular do "presente" estava no meu bolso, plugado no meu fone.

— Ai, droga! — Olivia sussurrou alto o bastante para que eu pudesse ouvir.

— Olivia — falei seu nome com a voz firme.

Dei alguns passos em sua direção enquanto ela andava para trás.

— Como sabe meu nome? — ela perguntou baixo, hesitando.

— Eu sei de muitas coisas, Liv. — Sorri.

— Como sabe meu apelido? — ela perguntou ainda mais baixo.

— Você me falou — disse sem pensar, mas então me

lembrei de que ela ainda não me conhecia.

Droga!

Dei mais um passo em sua direção, mas ela não se afastou. Pude, finalmente, vê-la. Um sorriso involuntário se formou em meu rosto.

— Não chegue muito perto! — vociferou ela.

— Ei, você que está com a arma, não eu. — Eu ri.

Ela fitou a arma e mirou em minha direção, fazendo com que me lembrasse da dor que senti quando atirou em mim.

— Olivia, você não é assim. Não precisa fazer isso — falei.

Eu sabia o quanto Olivia se arrependia de ter começado aquele assalto. Eu poderia *mudá-lo*.

— Ei, eu disse para não chegar muito perto! — ela gritou mais alto dessa vez.

— Não precisa me roubar. Eu sei o que acontece depois disto — falei, para depois me arrepender. Eu não podia ficar falando sobre coisas que ainda não haviam acontecido. — Quer dizer, eu posso te *ajudar*. Você quer meu celular? Pode usá-lo.

Ela estreitou os olhos e me encarou de uma forma diferente. Ela sempre fazia isso. Havia coisas em Olivia que eu não era capaz de decifrar.

— Você sabe o nome de todos que apontam armas em sua direção? — ela perguntou com uma voz acusadora

— Não. Acho que essa é primeira vez...

Pensei ter visto os lábios de Olivia se curvarem, mas talvez tenha sido só uma sombra.

— Só me fale como posso te ajudar — eu disse.

— Você poderia me dizer como sabe meu nome — ela falou, irritada.

— Não sei explicar — falei depois de pensar por um tempo.

Ela me olhou com irrelevância e depois desviou o olhar para a arma, que ainda estava voltada em minha direção. Pareceu hesitar e, então, abaixou a arma.

— Você pode me ajudar? — perguntou, tímida.

— Posso — afirmei. — Bom, só se você prometer que não vai atirar em mim.

— E por que eu faria isso? — ela disse com ironia.

Dei de ombros. Ela colocou a arma em minhas mãos sem hesitar. Respirou fundo e depois se virou, andando pelo beco escuro.

— Você não vem? — ela perguntou, me olhando sobre seu ombro.

Concordei com a cabeça e comecei a segui-la. Sem que eu percebesse, a chuva parou de cair. Olivia olhou para o céu e abaixou o capuz preto, deixando seus cabelos incrivelmente loiros à mostra.

Andamos dois quarteirões sem dizer nenhuma palavra. Observei, pelo canto dos olhos, que Liv parecia insegura e com medo. Parecia ansiosa, igual ao seu primeiro dia em SMinL. Ela fitava a calçada enquanto andava, até que desviou seus olhos para um ponto do outro lado da rua. Segui seu olhar e vi uma mulher sentada no chão, encostada em uma parede grafitada, ela tinha as duas mãos pressionadas contra sua barriga e sua face transmitia dor. Olivia grunhiu ao meu lado, a mulher pareceu notar nossa presença, então levantou uma das mãos e eu pude ver que estava suja de sangue, a mulher gemeu alto, percebendo o sangue em sua mão, então a pressionou contra barriga novamente.

Olivia nem olhou para os lados para ver se vinham carros em nossa direção. Ela pegou em minha mão e atravessou a rua correndo. Sua mão estava suada.

— Você voltou... — falou a mulher, cansada. — Por um segundo pensei que você fosse me deixar.

— Não, eu nunca faria isso. Eu disse que te ajudaria. Eu fui ... — Olivia olhou para mim. — ... buscar ajuda.

"Como eu poderia ajudar?", quis perguntar.

— Me passa o celular — ela falou baixo.

Eu deveria começar a marcar todas as vezes que Olivia me falava aquilo. Dei o celular sem hesitar.

Ela olhou com curiosidade para ele. E, então, lembrei que aquele modelo ainda não havia sido lançado naquela época. Não que fosse muito mais avançado do que os outros, mas é que, por fora, era diferente e um pouco mais moderno.

— Eu pensei que o iPhone 6 só seria lançado daqui a alguns meses — ela questionou.

— Ah... — Tentei soar seguro. — Meu pai conhece um cara.

Ela tentou ignorar enquanto discava os números rapidamente.

— Oi, estamos com problemas. Uma senhora foi atingida por uma bala em um assalto, por favor, mande uma ambulância — ela disse, com a voz um tom mais baixo que o normal.

Dava para ver a preocupação em seus olhos, ela estava a ponto de chorar.

Ajoelhei-me ao lado da senhora, que curvou a cabeça para poder me olhar.

— A senhora vai ficar bem, não se preocupe, mandarão uma ambulância.

Olivia ainda falava ao telefone, estava passando o endereço para a atendente.

— Não estou preocupada, eu ficarei bem, tenho certeza — disse a mulher, com um sorriso gracioso.

Sorri para ela sem saber o que falar. Alcancei a sua mão, que estava posicionada sob o ferimento na barriga, e segurei com força sem me importar com o sangue.

— Qual o seu nome, querido? — ela perguntou com a voz fraca.

— Logan.

— Que lindo nome. Combina com seus olhos. — Ela piscou devagar enquanto mostrava aquele sorriso gracioso. — Meu nome é Johanna, também é um bom nome...

Johanna tinha a pele escura enrugada, seus olhos eram negros e seu cabelo era curto. Ela vestia roupas modernas, considerando sua idade. Calçava salto alto, calça jeans *skinny* e uma regata branca por baixo de um casaco preto que combinava com os jeans.

— Sim, é um nome bonito — falei.

Ela respirou fundo uma vez e apoiou a cabeça na parede, apertando minha mão fortemente.

— Sabe, eu tenho setenta e oito anos, sou velha, consigo perceber algumas coisas — Johanna falou.

Não respondi.

— Você conhece aquela garota? — Ela apontou para Olivia com a cabeça.

Queria muito falar que sim, que a conhecia, mas neguei.

— Eu também não a conheço. — Suspirou. — E ela, obviamente, também não me conhece, mas, mesmo assim, não pensou duas vezes antes de me ajudar.

— O que houve? — quis saber.

— Eu estava voltando para minha casa, então, de repente, senti alguém me vigiando. Olhei para trás e avistei dois homens andando rápido em minha direção, tentei ignorar. Quando percebi, já estava correndo desesperadamente e eles atrás de mim. E, sabe, não é muito bom para uma jovem de setenta e oito anos correr daquele jeito no meio da chuva. Não aguentei por muito tempo e desacelerei, pensando que haviam desistido. Mas não desistiram. Quiseram minha bolsa e eu, como uma pessoa super nos eixos, não entreguei.

— Deveria ter entregado — falei, dando de ombros.

Johanna riu da situação.

— Eu sei — sussurrou ela. — A garota... como se chama?

— Olivia.

— Olivia viu tudo de longe. Ela correu para me ajudar quando percebeu que eles tinham uma arma. Tomaram minha bolsa à força e, quando estavam a ponto de correr, Olivia, sem querer, colocou o pé na frente fazendo-os tropeçarem nos próprios pés. Engraçado, uma coisa tão ingênua funcionou.

Ela parou de falar. Parecia cansada.

— Os homens ficaram muito zangados e dispararam a arma enquanto ainda estavam no chão, levantaram e correram. Acertaram minha barriga, mas deixaram a bolsa e a arma. Olivia definitivamente me salvou. — Johanna respirou fundo e esperou um momento em silêncio enquanto observava Liv, que ainda estava ao telefone dando informações. — Ela saiu correndo para chamar ajuda sem pensar, é meio impulsiva. Mandei levar a arma para caso aqueles homens voltassem, mas ela disse que não, que tinha medo. Insisti tanto que ela a pegou, e eu acho que deve ter ajudado, porque ela trouxe ajuda.

— Sim, ela trouxe — falei, sem jeito. — Acho melhor a senhora parar de falar por um tempo para guardar as forças.

Olivia nos observava em silêncio.

— Tem razão, *Logan* — Johanna disse com uma voz tão baixa que mal pude escutar.

Ela apertou minha mão ainda mais fortemente e fechou os olhos com calma, encostou sua cabeça na parede e disse, com os olhos ainda fechados:

— Olivia parece estar sentido mais dor que eu. Pobre menina — ela falava com longas pausadas. — Se algo acontecer, avise-a que não importa. Eu estou preparada.

Olhei ao redor, em busca de Olivia. Johanna parecia estar em seu leito de morte.

— *Vem logo*! — Olivia gritou aos prantos.

Pensei que ela estava falando comigo, mas logo reparei as luzes vermelhas vindo em nossa direção. A ambulância havia chegado.

— Aguente firme, Johanna, a ambulância chegou — sussurrei em seu ouvido.

Ela fez que sim com a cabeça, com muito esforço.

Soltei sua mão quando os paramédicos a pegaram e a colocaram dentro da ambulância. Olivia, com uma cara assustada, segurou a mão de Johanna. Ouvi-a dizer:

— Querida, não precisa ir comigo. Ficarei bem.

— Não, não posso te deixar assim — disse Olivia com os olhos marejados de lágrimas.

— Já está tarde. Minha família virá me ver, volte para casa e eu ficarei bem. Preciso descansar. Eles cuidarão de mim.

Olivia respirou fundo e assentiu com a cabeça antes de sair de dentro da ambulância.

Com a luz branca saindo de dentro do veículo, pude perceber a quantidade de sangue que saíra de Johanna.

Havia uma poça enorme no lugar onde ela estava sentada comigo. Mas eu tinha certeza de que ela sobreviveria.

Olivia se aproximou e me entregou o celular.

— Obrigada — foi só o que ela disse.

Assenti e coloquei o celular no bolso da calça.

— E... Bom, me desculpe — falou, cabisbaixa.

— Pelo quê? — Sorri.

Ela fez cara de indignada e exclamou:

— Eu quase te matei!

— Ah, por favor, você não ia conseguir me matar — falei sério e depois abri o melhor sorriso que consegui.

Ela me reprovou com os olhos, mas depois gargalhou.

— Desculpe. É que eu sou meio...

— Estranha? — interrompi-a.

— Eu ia dizer que sou um pouco impulsiva e, quando vi Johanna sangrando no chão, entrei em desespero e não soube ao certo o que fazer, mas, sim. Estranha também serve para uma louca feito eu.

— Não, estou brincando! — Sorri.

— Eu sei.

Ela sorriu e depois olhou para seus tênis. Aqueles tênis sempre estavam impecavelmente limpos. Mesmo depois daquela tempestade, pareciam ainda mais brancos.

Não havia nenhum carro na rua e nenhuma outra pessoa além de Olivia e de mim. Ela sorriu e perguntou:

— Qual seu nome?

— Logan.

Era estranho falar meu nome para alguém que já sabia.

— Sou Olivia — se apresentou.

Balancei a cabeça e sorri. Não podia falar novamente

que já a conhecia.

— Está tarde, acho melhor voltarmos para casa antes que mais alguém seja baleado.

Olivia assentiu. Comecei a andar em direção à minha casa, pensando que ela viria junto, mas não.

— Minha casa é para o outro lado. — Deu de ombros, rindo.

— Ah.

Meus olhos mostravam minha decepção por Olivia não vir comigo.

— Eu gostaria de conversar mais... — tentei.

Ela concordou com a cabeça.

— Posso te passar o número do meu celular — sugeriu.

Dei o celular para que ela pudesse salvar o seu número. Depois de dois segundos, me entregou e disse, enquanto se virava para atravessar a rua:

— Se decidir que eu não sou assim tão estranha, talvez você possa me ligar.

Concordei com a cabeça, sem saber o que falar, enquanto ela andava para longe. Logo, minha visão não a alcançou e eu não pude mais vê-la.

Abri a porta da frente da minha casa como se fosse a coisa mais comum do mundo. No entanto, era, em termos, a coisa mais normal que eu havia feito naquela noite.

    Com certeza não era normal viajar no tempo, quase ser morto por uma menina de dezesseis anos, ajudar a salvar uma senhora que fora atingida por uma bala e tentar reconquistar a garota por quem eu talvez pudesse estar apaixonado, mas, em outros termos, abrir a porta da frente da minha casa não era a coisa mais normal porque eu estava um ano atrasado, havia viajado no tempo e quer queira, quer não, aquela não era minha casa, parecia de mentira.

    — Que bom que você chegou. — Ouvi a voz da minha mãe vindo da cozinha. — Eu estava preocupada.

    Fechei a porta num baque e corri em direção à cozinha. Quando cheguei, encostei-me à porta e fiquei encarando-a, boquiaberto. Não sabia o que falar, não conseguia transmitir a alegria que eu estava sentindo em vê-la ali, *viva* e feliz.

    — Por que está me encarando, Logan? — ela disse rindo, olhando para algo dentro do forno.

    — Eu... Hum, eu não sei — falei desconcertado, enquanto minha mãe não prestava atenção. — Acho... Acho que eu estava com saudade, mãe.

    E era verdade. Até aquele momento eu não tinha noção do quanto estava sentindo falta da minha mãe. E agora eu podia revê-la... Quer dizer, agora podia fazê-la *reviver*, eu podia levá-la para o futuro. *Não é?*

    — Saudade do quê, Logan? — Ela revirou os olhos, ainda sorrindo, como sempre.

Ela nunca parava de sorrir...

    — Não é do *quê*, é de *quem* — frisei as palavras.

    Ela desgrudou os olhos do forno e os virou em minha direção, eram os únicos olhos diferentes na minha casa. Eu e meu pai tínhamos olhos azuis-claros, os dela, porém, tinham a cor de uma pedra de ônix, pretos como um buraco negro. Ela os estreitou e sorriu de uma forma provocadora.

— Você arrumou uma namorada para sentir saudade? — ela perguntou batendo palmas.

— Não, mãe, eu estou falando que... — comecei, mas fui interrompido por ela que, por sua vez, deu-me um abraço quente e gritou:

— Austin, o Logan tem uma nova namorada! — Ela não parava de sorrir. — Ah, claro! — continuou, gritando com as mãos em torno da boca, como os torcedores gritavam em jogos de futebol: — Traga meu iPhone para eu publicar isso no Facebook!

— Vai publicar isso no Facebook? — Gargalhei.

Ela parou de sorrir e me repreendeu com os olhos ônix.

— Eu vou fingir que não ouvi esse comentário, mas só porque você tem uma namorada! — voltou a gritar.

— Não tenho namorada, mãe! — gritei, rindo.

Olivia era minha namorada?

Bom, talvez ela fosse algum tipo de *ficante* no meu ano original. Eu sabia o que ela significava para mim, porém não sabia o que *eu* significava para ela. Mas, talvez, viajar no tempo tivesse estragado meus planos com Olivia, pensei triste.

— Como assim, você não tem namorada? Você tinha me dito que tinha — minha mãe falou, visivelmente decepcionada.

Neguei com a cabeça.

Minha mãe bufou e deixou as mãos, que antes estavam em torno de meus braços, penderem sobre seu corpo.

— Francamente, Logan!

— Alguém me chamou? — disse meu pai, ofegante, parado no batente da porta.

— Austin! — minha mãe deu um gritinho fraco, colocando uma torta de maçã na mesa. Meu pai arregalou os olhos e abriu um sorriso enorme, como se nunca tivesse visto uma torta.

Dei mais um abraço em minha mãe antes de subir para o meu quarto. Tudo aquilo era muito estranho. Meu quarto estava decorado com minhas coisas, minha cama estava feita, o abajur desligado. Tudo em perfeita ordem. Minha mãe estava *viva*, Olivia não tinha atirado em ninguém.

Será que era agora que eu deveria tomar a segunda pílula e voltar para o futuro?

Eu deveria buscar por respostas. Ainda não sabia como usar aquelas pílulas, ainda não sabia quais efeitos estar no passado poderia causar em minha vida no presente.

Decidi falar com meu pai a respeito de tudo aquilo. Afinal, fora ele o inventor daquele experimento. Ele saberia responder todas as minhas perguntas e me ajudaria a pensar em um jeito de salvar minha mãe.

Ouvi um barulho vindo do andar de baixo. Não esperei. Fui direto ver o que tinha sido aquilo.

Desci as escadas cuidadosamente para não fazer barulho, pois já sabia que minha mãe estava dormindo em seu quarto.

Uma luz amarelada vinha da sala de estar. Andei em direção a ela, procurando por meu pai, que eu sabia que devia estar acordado. Havia uma pequena porta, meio escondida perto da parede das cortinas verdes da sala, que ia até o porão. Abri sem hesitar e desci a escada estreita. Cheguei ao batente da porta do porão e o vi.

Meu pai estava anotando algo em um dos blocos amarelos dele enquanto mexia em um tipo de líquido vermelho escuro em um frasco de vidro. A cada segundo, parava o que estava fazendo e consultava algo no computador. Ele levantou uma das sobrancelhas e passou a mão pelos cabelos recentemente cortados, bagunçando-os.

Limpei a garganta, alto o bastante para ele poder me ouvir. Meu pai olhou ao redor, procurando o dono do ruído, então pousou seus olhos em mim, direcionando seu olhar, mais precisamente, para os meus fones de ouvido, que estavam saindo pelo bolso da calça.

— O que ainda faz acordado? — ele disse com um ar de repulsa. — Você tem aula amanhã cedo.

Aula?

— Sim, eu sei. — Talvez eu estivesse começando a me adaptar com as mentiras necessárias. — O que está fazendo, pai? — perguntei sem hesitar.

— Trabalhando — foi só o que ele disse.

— Pensei que o seu trabalho fosse corrigir provas. — Arqueei as sobrancelhas.

Ele desgrudou os olhos do bloco amarelo e me deu um sorriso, visivelmente forçado.

— Você parece a sua mãe falando...

Desci o último degrau da escada estreita e comecei a andar em sua direção.

Antigamente, guardávamos apenas enfeites natalinos e meus brinquedos de criança no porão, mas agora todas as tralhas estavam amontoadas em uma pilha de caixas maltratadas em um pequeno espaço. O resto do local estava ocupado com máquinas grandes que meu pai usava para os experimentos...

Havia uma mesa enorme no centro do laboratório — por assim dizer —, um cheiro estranho saía do líquido vermelho escuro que meu pai fervia no frasco de vidro. A única decoração era uma tabela periódica gigante emoldurada, pendurada na parede.

Sem contar que havia um quadro branco onde meu pai usava um marcador especial para escrever. Estava totalmente preenchido com contas de física e fórmulas de química.

Ao lado do quadro branco, havia um cartaz explicando os estados físicos e líquidos e mostrando como o processo de ebulição funcionava. Mais para frente, em uma pequena prateleira suspensa, havia alguns frascos de vidros, como os que estavam na mesa do meu pai, simbolizando o experimento do processo da ebulição.

Do outro lado do porão, havia uma escultura do Homo sapiens gigantesca, que era horripilante. Ao lado, um cartaz com a letra do meu pai, com os dizeres "Evolução *versus* Criação" ocupava a parede.

— O que está fazendo, pai? — repeti.

— Estou trabalhando em um experimento. — Ele piscou algumas vezes.

Bufei.

— Preciso perguntar algumas coisas.

Ele deu de ombros.

— Tudo bem, mas seja rápido, eu tenho muito trabalho.

Alcancei os meus fones de ouvido que estavam no meu bolso, eles estavam embaraçados, mas plugados em meu celular.

Coloquei o celular na mesa, ao lado do frasco com o líquido vermelho. Meu pai olhou com irrelevância e voltou a escrever no bloco.

— Pai, olhe para o meu celular — falei, sem rodeios.

Ele estreitou os olhos, imaginando o porquê de eu estar pedindo isso, mas fez o que pedi. Ele olhou e deu de ombros sem falar sequer uma palavra.

— Não vi nada de mais, é um celular muito comum par... — ele começou a falar, ainda olhando para o celular, até que seus olhos se arregalaram.

Voltou seus olhos em minha direção. Apenas dei de ombros, como ele havia feito.

— Logan, como você tem esse celular se ele ainda nem foi lançado? — perguntou, inseguro.

— Sim, ele já foi lançado!

Ele coçou o queixo.

— Não, eu tenho certeza de que ele ainda não foi lançado.

— Bom, ele foi lançado em *2015*, pai — falei com os olhos fechados, como se isso impedisse que seus olhos faiscassem.

Abri os olhos devagar, esperando ver meu pai me julgando com os olhos e não sabendo o que fazer, mas ele estava com um sorriso enorme no rosto, tão grande e verdadeiro que lhe causava rugas no canto dos olhos.

— Eu vou explicar... — comecei.

— Não precisa explicar, L, eu já entendi. — Ele cerrou uma das mãos e me olhou com uma cara de vitória. — Eu consegui!

— É, pai, você conseguiu — eu disse sorrindo, contente por ele estar feliz.

Ele estava ofegante.

— Eu não consigo acreditar, eu pensei que eu não conseguiria... — ele começou e, então, mudou de feição. De felicidade para dúvida. — Espere.

— O que foi? — perguntei.

— E-Eu não sei, isso é estranho — ele gaguejou.

— Eu que o diga — falei rindo.

— Não, quero dizer, por que você veio para essa data?

Pensei em uma boa resposta.

Optei pela verdade.

— Voltei por Olivia.

— Quem? — ele perguntou com irrelevância.

Eu sorri com a pergunta.

— Não me conte sobre ela — falou sério, de repente.

— Isso pode interferir nas linhas do tempo.

Balancei a cabeça, concordando. Ainda estávamos em pé, ao lado da mesa com os frascos de vidro. E, pelo jeito, continuaríamos ali, pois não havia lugares para sentar, apenas um *puff* marrom rasgado que estava na pilha para doação há anos.

— Estou orgulhoso de você, acima de tudo. Voltou para conseguir o que queria. — Ele sorriu.

— Eu preciso de algumas respostas.

— O que você quer saber? — perguntou imediatamente.

— Vamos supor que eu consegui fazer o que precisava aqui no passado. Agora, se eu voltar para os meus dias atuais, tudo vai ter mudado? — perguntei, inseguro de que eu não tivesse conseguido mudar a vida de Liv.

— Sim — foi o que ele disse.

Decidi acreditar.

Ter esperança.

— As linhas do tempo são frágeis, Logan. Você tem que tomar muito cuidado — meu pai disse, checando uma das anotações no bloco de notas amarelo que estava sobre a mesa.

— Como assim? — insisti.

— Você não pode mudar tudo para melhor. Sempre, quando você conseguir deixar algo bom, algo estraga. É a lei.

— Quem inventou essa droga de lei? — perguntei, impaciente.

— Não há como saber com certeza o que foi perdido e o que foi salvo, mas as coisas são assim. A história é uma droga quando se está dentro dela — ele diz com olhos sinceros. — É a teoria do caos.

Estralei os dedos.

— Pai, mas e se eu chegar aos meus dias atuais e Olivia... Sei lá, não se lembrar de mim? — perguntei, pedindo para que aquilo nunca acontecesse.

— Bom, você a conheceu aqui? — Ele se referia a 2014.

— Sim, eu a conheci hoje — respondi.

— Então é lógico que ela vai se lembrar de você. Se mantiveram contato por todo esse ano que se passou, vocês podem estar sendo amigos, melhores amigos, ou até mais que isso. Mas se perderam contato, então é bem provável que ela esteja em um outro relacionamento ou até em outro país. Não tem como saber — ele disse, rindo de mim.

Desviei o olhar para ele não perceber o quanto fiquei triste por ter que pensar nessa hipótese. Não queria pensar em hipóteses ruins, então alterei o assunto da conversa. Quando eu disse:

— Quer saber se vai ou não ganhar o prêmio Nobel?

Ele disse, sério, surpreendendo-me:

— Escute, você não pode contar nada sobre o futuro para ninguém. Está me ouvindo, Logan? — Fiz que sim com a cabeça, querendo perguntar sobre o assunto. — Não pode contar, porque... Vamos dizer que você me conte que eu ganho um prêmio pela minha invenção, então vou tentar descontroladamente correr somente atrás desse prêmio, sendo assim, não vou dar a mínima para o resto do mundo e vou criar ondas na linha do tempo.

— Ah! — foi a minha ótima resposta.

Ele sorriu, parecendo muito satisfeito consigo mesmo.

— O senhor quer saber sobre algo? — perguntei, não sabendo se aquela seria uma boa pergunta a ser feita.

— Logan, parece que você não me escuta! — ele falou alto, com um meio sorriso torto nos lábios. — Não quero saber de nada. Eu vou viver minha vida normalmente e espero, por Deus, que nunca precise usar essas pílulas.

— Por que você as fez, então?

— Só para jogar na cara dos cientistas renomados do mundo todo que sou mais inteligente que eles? — perguntou retoricamente, rindo de si mesmo.

Por uma fração de segundo, assustei-me com o que meu pai dissera. Ele nunca falava coisas que não fossem inteligentes. Mas entendi o que havia acontecido.

Minha mãe ainda estava viva, sendo assim, ele não fazia a mínima ideia do porquê teria que criar as pílulas. Então ri de sua frase para esconder minha preocupação.

— Logan, acho melhor você subir. Já está muito tarde — foi só o que ele disse. — Talvez você tenha vindo do futuro, mas se continuar aqui, vai ter que ir para a escola.

Eu não hesitei. Girei meus calcanhares no lugar e andei em direção à escada estreita. Quando pisei no primeiro degrau, ouvi meu pai dizer:

— Boa sorte com Olivia. — Sua voz estava mansa.

Fiz que sim com cabeça, fitando o chão. Só conseguia pensar que eu a veria de novo...

GIOVANNA VALCARD

Instante
18 de junho de 2014

> "Não se pode mudar as pessoas que ama, mesmo que seja pelo próprio bem delas."
>
> (Revenge)

O barulho do sinal ecoou em meus ouvidos, fazendo-os tilintar.

Era estranho estar de volta àquela escola. Os mesmos alunos e as mesmas pessoas que conversavam comigo antes de eu ir parar na SMinL.

Fiz o mesmo caminho de antigamente, estava tudo igual. Um dos meus professores favoritos passou por perto e me cumprimentou com um aceno de cabeça, fiz o mesmo e sorri.

Alguém me deu um tapa forte na nuca.

— Ai! — gritei.

— Cara, eu estava vindo até aqui falar com você quando uma das gêmeas Schmidt piscou para mim! — disse uma voz que eu não esqueceria jamais vindo de trás da minha cabeça.

Dei um giro rápido e não pude evitar, abracei Ian, que ficou paralisado até tomar consciência de si mesmo e tentar me afastar. Ele me empurrou, então o soltei.

— Eu acabei de falar que uma das meninas mais gatas da escola está me querendo e você fica me agarrando? — ele deu um grito histérico.

Tentei esconder minha emoção em revê-lo.

Ian era meu melhor amigo na escola. Mesmo quando estava na SMinL, ele continuava indo me visitar e conversar sobre coisas idiotas comigo.

A voz de Ian interrompeu meus pensamentos.

— Você está me ouvindo, Logan? — perguntou. — Ela está me *querendo*. Me que-ren-do.

Gargalhei e assenti. Ian era magro e alto, seus olhos eram acinzentados e seus cabelos, castanhos. Era um garoto normal, não chamaria a atenção de uma menina como uma das gêmeas Schmidt, mas não quis comentar.

Ele balançou a cabeça rindo de si mesmo e passou o braço em torno de meus ombros, me empurrando, então começou a andar em direção à porta da escola.

Estava um dia lindo. O sol brilhava intensamente, fazendo com que a grama ficasse ainda mais verde e viva. Alguns alunos estavam espalhados pela grama, sentados perto de troncos de árvores, esperando o segundo sinal soar.

Entrei na escola ao lado de Ian. Pisquei algumas vezes enquanto meus olhos se acostumavam com a iluminação. Andamos até à sala número catorze e entramos sem hesitar. É claro que eu não pude deixar de reparar naqueles lindos olhos cor de âmbar e naqueles cabelos tão loiros que chegavam a ser quase brancos.

Era Olivia.

Fazíamos a mesma aula de literatura inglesa e eu não sabia. Como eu não a reconheci na SMinL? Como não a reconheci *naquela* noite?

Sentei no meu antigo lugar preferido. Penúltima mesa, na frente de Ian, que não parava de falar. Eu não estava prestando atenção no que ele falava. Eu só assentia e dizia: "É mesmo, cara, nossa!".

— No que você está pensando, Logan? — ele perguntou, me olhando com aqueles olhos cinzentos.

— É mesmo, cara, nossa! — respondi sem pensar.

Ele me olhou, os olhos faiscando.

— Sério, esse é o meu melhor amigo? — ele perguntou para si mesmo.

Contive uma gargalhada.

— Tudo bem. — Nossa professora de literatura inglesa, a Srta. Sullivan, limpou a garganta. — Primeiramente, bom dia.

Não havia nem um traço de felicidade em sua voz ou em seu rosto. A Srta. Sullivan era uma pessoa um pouco... Amarga.

— Eu mandei que vocês fizessem um poema, certo? — ela perguntou com as sobrancelhas arqueadas, sua voz era rouca.

— Você fez o poema, L? — sussurrou, Ian.

Neguei com a cabeça, rindo.

— Ah, que bom. Não serei o único. — Suspirou.

Meus pensamentos se voltavam em torno de Olivia Wolf e nada mais. Ela estava linda. Como sempre. Tinha os cabelos loiros presos em um rabo de cavalo frouxo, deixando com que alguns fios rebeldes escapassem, seus olhos estavam apagados, o que me deixou triste. Era horrível vê-la triste. Ela vestia uma calça *skinny* preta básica, os seus tênis brancos incrivelmente limpos e uma camiseta preta com estrelinhas brancas. Havia algumas pulseiras delicadas em seu braço direito que cobriam a tatuagem dos cinco pássaros voando em uma única direção. Não usava maquiagem, apenas um batom vermelho, que fez com que suas bochechas ganhassem uma cor mais rosada.

— Quem será o primeiro a ler o poema? — perguntou a professora com irrelevância, sentada atrás de sua mesa. Por trás dos grandes óculos havia olhos castanhos com alguns risquinhos verdes perto da íris, o seu cabelo estava preso em um coque muito firme no alto da cabeça.

Voltei meus olhos para Olivia e percebi que ela encarava seu caderno fixamente. Parecia preocupada. Talvez estivesse se lembrando da noite anterior. Se eu, que havia vivido a mesma noite duas vezes, ainda não a tinha entendido, pensei em como os seus pensamentos deveriam estar borbulhando.

Ela respirou fundo, seus ombros se ergueram e depois se abaixaram. Então, num ato quase imperceptível, ela levantou a mão das pulseiras. A Srta. Sullivan direcionou seus olhos castanhos na direção de Liv e revirou os olhos.

— Venha ler aqui na frente.

Olivia pegou uma folha amassada e se levantou discretamente, caminhou até ficar de frente com a sala e deu um sorriso que, provavelmente, ninguém além de mim percebeu, mas só aquele pingo de sorriso já me satisfez.

— Sobre o que é o seu poema, Olivia? — balbuciou a professora. — Vale um terço da nota final, não me decepcione.

— É sobre amor — foram suas palavras.

A Srta. Sullivan assentiu com um olhar cômico, como se ela pensasse que Olivia fosse incapaz de amar.

Olivia deu outro sorrisinho e disse o título do poema:

— Soldado — leu o título. — Um soldado medroso foi à guerra — ela começou.

Parecia confiante.

— Não fazia ideia do que significava. Quando um inimigo se aproxima...

Sorri quando ela sorriu.

— Era experiente, sabia de tudo. Ensinou-o a guerrear, mas ele ainda era o inimigo. Mesmo com pena, o soldado atirou.

Nesse momento, ela fechou os olhos, como se tivesse ensaiado esse movimento antes.

— Quando pensou saber de tudo, o soldado foi surpreendido. Eram três nações numa só guerra. Como lidar?

Seu rosto se transformou em uma careta de confusão.

Sorri, eu pude ver alguns traços de alegria que me lembrou dos dias na SMinL.

— Seu exército, obcecado por vitória, não conhecia a derrota. O soldado decidiu aliar-se a uma das nações. Ficou em sua mão decidir qual escolheria. — Ela esperou um segundo que, para mim, pareceu um século, sem poder ouvir sua voz. — Um era sangrento, experiente. O outro, nem tanto, mas inteligente.

Ela levantou uma mão num movimento de pura súplica.

— Então, escolheu a inteligente. Era a nação parecida com ele. — Ela assentiu para si mesma. — Mesmo assim, o soldado não entende a guerra. E acho que nunca vai entender.

Ela respirou fundo.

— Pois ele tem medo de atirar.

Então ela parou de falar e se remexeu impaciente na frente da classe, olhando para a Srta. Sullivan. A professora arregalou os olhos, como todos os outros alunos.

— É isso... — falou Olivia com um sorriso aberto.

Era aquele sorriso que eu queria. Parecia muito feliz com seu trabalho.

— Que horror. — Ian se remexeu atrás de mim.

Ignorei-o para prestar atenção no que a professora lhe falaria.

— Vou te dar um C — disse a Srta. Sullivan

— Um C? — Olivia perguntou surpresa.

— Sim. Não entendi o seu poema, não tem nada a ver com amor. Ainda estou te dando muita nota para ser apenas isso. Estou te dando um C apenas por causa da construção — bufou a Srta. Sullivan.

Olivia suspirou e andou em passos lentos até sua mesa. Seus olhos tinham se apagado novamente.

O sinal soou e vi Olivia andar rápido para fora da sala. Não perdi tempo, a segui e observei sem chegar muito perto. Ela andou calmamente até chegar à área de educação física e sentou na última fileira da arquibancada.

Havia um campo de futebol americano, que não era tão usado como nas outras escolas, contornado por uma pista de corrida pintada de vinho com quatro faixas. Algumas líderes de torcida estavam repetindo o nome do time de futebol da escola, batendo palmas e subindo umas em cima das outras, conseguindo se equilibrar perfeitamente no meio do campo de futebol enquanto uma das treinadoras apitava para as outras alunas começarem com a corrida.

Não me importei com que Olivia fosse pensar a meu respeito quando sentei ao seu lado.

Ela respirou fundo enquanto mexia em sua pulseira, jogou sua cabeça para trás e olhou para mim com uma sobrancelha levantada, como se estivesse me interrogando.

— Gostei do seu poema — foi só o que eu disse.

— Tirei um C. — Ela voltou a mexer no pingente da pulseira.

Reparei que havia vários pingentes na pulseira. Algumas bolinhas em prata, uma estrela, a torre Eiffel, uma bicicleta e um pássaro como os da tatuagem.

— Provavelmente você não entendeu o que eu quis dizer com ele — ela disse com a cabeça baixa, com os olhos ainda cravados na pulseira.

— Talvez eu tenha entendido — falei dando de ombros, mas quando ela me dirigiu o olhar, neguei com a cabeça.

— Eu o escrevi em forma de metáfora. — Ela gesticulou com as mãos, impaciente. — As três nações eram três garotas diferentes de quem o "soldado" estava gostando. Ele não sabia a quem escolher, não sabia a quem deveria magoar. Ele só queria o melhor para as três, mas o pobre coitado não manda em seu coração e não pode escolher, porque mesmo se ele escolhesse, não saberia o que fazer com as outras.

Até que foi legal esse ponto de vista.

— E aquela parte de não saber atirar? — perguntei, tentando parecer entretido.

— Ele não sabe amar — foi só o que ela disse.

Agora eu gostava bem mais do poema, mas não disse mais nada. Senti os olhos de Liv cravados em mim.

— Acho que devemos conversar sobre o que aconteceu ontem — ela decidiu.

— Acho que não precisamos pensar nunca mais naquilo. Esqueça — falei, colocando minha mochila ao lado da dela.

— Não há como esquecer. Eu quase te matei — ela adiantou, parecendo chateada.

— Por favor, não chore. Eu não sei o que fazer quando as meninas choram — eu disse rindo, tentando mudar de assunto.

— Bom, acho que preciso te ensinar a fazer isso — falou, usando uma cara pensativa.

— Pode começar quando quiser — me pronunciei.

Ainda podíamos ouvir as líderes de torcida berrando o grito de guerra do time, mas eu estava me concentrando apenas em Olivia.

Era tudo que eu via.

— Por que eu nunca consigo entender você? — perguntei em voz alta, sem perceber.

— Não consegue me entender, Logan? — perguntou, rindo.

— Não — falei com a cabeça baixa.

— Bom, eu juro de dedinho que um dia você vai conseguir — ela disse, esticando o dedo mindinho.

Olhei para seu dedo mindinho esticado, então estiquei o meu e cruzamos um no outro, como crianças fazendo promessas.

— Aposto que nunca vou conseguir. Você é indecifrável, Olivia — falei olhando dentro de seus olhos, que agora estavam brilhando.

Vi a sombra de um sorriso em seu rosto.

— Eu ainda tenho que te ensinar a lidar com meninas chorosas — ela disse, fazendo uma careta.

Assenti, concordando.

— Quando você as vir chorar, você deve... — Ela olhou com o canto dos olhos para o céu e riu. — Acho que você deve oferecer seu ombro.

Ela se esquivou e eu cheguei mais perto com meus ombros, rindo. Ela também ria. E a sua risada era linda.

— Assim? — perguntei, quase esfregando meus ombros em seu rosto.

— Acho que você assustaria a garota desse jeito... — Ela fez biquinho.

— Eu também acho. Você é uma péssima professora — falei, sem conseguir conter a risada.

— O que você acha de tomarmos um café qualquer dia desses? — perguntou tímida.

Antes de responder, eu já sabia que tudo daria certo, porque Olivia combinava mais comigo que minha camiseta favorita.

Joguei minha mochila na cama, pensando no que faria a seguir. Eu precisava voltar para o presente. Meu corpo não queria deixar Olivia sozinha, mas minha mente sabia que eu ainda estaria com ela e, quando chegasse ao presente outra vez, meu corpo perceberia isso.

Agora que sabia que aquelas pílulas realmente funcionavam, precisava salvar minha mãe. Sem hesitar, busquei pela cartela prateada de pílulas em meu bolso. Destaquei uma das pílulas e a coloquei na boca. Abri minha mochila e peguei um caderno, abrindo em uma folha em branco, então escrevi a data.

Concentrei-me o máximo que pude e então um clarão cegou minha visão.

GIOVANNA VACCARO

E Se...

Deliberação
22 de agosto de 2015

"Não quero pegar no sono porque sentiria sua falta"
(Aerosmith; trecho de I Don't Want to Miss a Thing)

Pisquei algumas vezes para minha visão se acostumar com a escuridão do local. Ainda não sabia aonde tinha ido parar. Olhei em volta e notei que estava em um café decorado com um estilo rústico. Eu segurava nas mãos dois copos de papelão com café.

Havia mesas altas para duas pessoas, um balcão para separar os clientes dos cozinheiros e um caixa. O ar cheirava a café expresso e as pessoas conversavam civilizadamente.

Como se estivesse no piloto-automático, deixei meu corpo me guiar e andei até o lado de fora do café. Sentada de pernas cruzas em um banco do outro lado da rua, Olivia lia um livro com atenção.

Meu coração dançou dentro de mim. Atravessei a rua e me sentei ao seu lado no banco. Olivia fechou o livro e o guardou na bolsa, olhou para mim e esbanjou um sorriso enorme. Surpreendendo-me, Liv se aproximou e selou meus lábios rapidamente.

— Puro para mim e com leite e canela para você. — Lembrei o que deveria dizer.

Todas as lembranças do último ano vieram à tona em minha mente. E uma felicidade extrema tomou conta do meu corpo. Sem ar, revivi as lembranças que envolviam Olivia em minha cabeça.

Liv mordeu o lábio inferior e tomou um gole da sua bebida. Fiz o mesmo. A bebida estava muito doce e eu pude sentir o gosto ácido no fundo da minha garganta. Olhei para Olivia e ela estava com uma careta de nojo, rindo.

Revirei os olhos, sem tirar o sorriso do meu rosto por um segundo sequer e troquei nossas bebidas. Dei mais um gole e agora, sim, estava com gosto de café.

— Bem melhor — repetimos em uníssono.

Olivia gargalhou, se levantando do banco. Começamos a caminhar pela calçada. Entrelacei meus dedos nos dela e tudo pareceu se encaixar.

— Logan? — Liv me olhou com os olhos brilhando.

Pisquei duas vezes, como se estivesse dizendo para ela continuar.

— Eu vou precisar viajar — foi só o que ela disse.

Parei de andar.

— Para onde você vai? — perguntei com as sobrancelhas arqueadas.

— Tenho que visitar meus pais e minha irmã. — Suspirou.

Estava prestes a perguntar se eles não moravam em Dallas, mas então um flash invadiu minha mente.

— *Eu vou me mudar* — era Olivia falando aos prantos.

Ainda éramos apenas amigos na época.

— *O quê?* — *perguntei desesperado.* — *Não, você não pode ir.*

Ela sorriu timidamente e negou com a cabeça.

— Meu pai recebeu uma proposta de trabalho. Vamos nos mudar para Seattle. — Lágrimas caíram.

— Olivia, isso fica do outro lado do país. Como vamos ficar? — perguntei.

Eu não sabia o que fazer.

— Bom, é para isso que serve a FaceTime, não é? — ela fez uma pergunta retórica, o que me fez sorrir.

— Não posso te tocar pelo FaceTime, Liv.

— Ficaremos bem, L. — Uma lágrima escorreu por sua bochecha.

Eu a abracei.

— Você pode ficar na minha casa, Liv, meu pai não vai se importar — falei sem pensar.

— Só que o meu, sim — afirmou.

— Não custa tentar — decidi, seguro de que o Sr. Wolf a deixaria morar em minha casa por tempo indeterminado.

Minha visão voltou para a rua. Olivia me olhava com uma expressão confusa.

Lembrei-me de que quando Liv perguntou ao pai dela se ela poderia morar em minha casa, ele não deixou, mas deixou que ela morasse na casa de sua tia, que não era muito longe da minha.

— E aí, vai querer ir comigo ou não? — ela perguntou com um sorrisinho no rosto. — Ainda não disse para meus pais que estamos namorando...

Sorri.

— Não disse? — perguntei inseguro. — Bom, então acho melhor esperarmos um pouco.

Ela revirou os olhos e deu mais um gole no seu café.

— Sabe o tempo? Então, ele tá passando e a gente nem percebe — falou, depois voltou a caminhar em direção à minha casa.

Tudo o que importava para mim era estar com Olivia.

— Eu nem sei se seu pai gosta de mim. Não sei o que sua mãe pensa a meu respeito. E, sinceramente, eu nem consigo imaginar a atual cor do cabelo da Isabelle — falei exasperado sobre sua família.

— Meu pai te adora, ele já falou para mim. Minha mãe só pensa coisas boas a seu favor e eu vi no Instagram da Isabelle. O cabelo dela está verde, mas não ficou legal, então não podemos dar nenhuma gafe.

Sorri.

— Tudo bem, eu vou com você. — Suspirei.

Andamos por mais alguns minutos até minha casa.

Era incrível pensar que eu havia conseguido o que nós dois queríamos. Quer dizer, não estávamos mais na SMinL, nada de comida ruim, restrição ou pessoas loucas nos seguindo. E, pelo que eu via, estávamos felizes juntos.

Era perfeito.

Quando chegamos à minha casa, Liv pegou sua maleta de tintas e seus pincéis e começou a desenhar livremente pela tela de pintura. Deixei Olivia sozinha e fui falar com meu pai. Queria lhe contar que tudo havia dado certo.

Desci as escadas até o porão. Estava escuro, apenas uma luminária acesa. Meu pai parecia calmo, mas ao mesmo tempo, nervoso. Seus olhos transmitiam apreensão. Ele estava escrevendo num daqueles blocos de notas amarelos que eu usei para escrever a data e voltar no tempo da primeira vez.

Ele respirou fundo, correu os olhos pela sala, ansiosos, e os parou em mim.

— Tudo bem? — perguntei, preocupado.

Ele se levantou e cobriu o bloco de notas com uns dos livros pesados que estavam sobre a mesa. Parecia mais cansado do que nunca. Meu pai apenas me fitou e concordou com a cabeça. Havia olheiras abaixo dos seus olhos azul-claros e seu cabelo estava totalmente desgrenhado.

— O senhor não me parece bem — falei sem rodeios. — O que está fazendo?

Ele revirou os olhos.

— Nada de mais, apenas fazendo algumas anotações.

Ah...

Ele me olhou confuso.

— O senhor conseguiu, pai. Conseguiu fazer algo para consertar o tempo.

Ele piscou os olhos. E gargalhou. Parecia não acreditar.

— É verdade, pai. Eu também não havia acreditado, mas realmen... — comecei, mas ele não deixou que eu terminasse.

Ele não parava de rir.

— Eu sei. Acredito. Já tivemos essa conversa antes. Há mais ou menos um ano — ele falava com intervalos.

— Já? — perguntei, hesitante.

Entendi o que havia acontecido um segundo depois. Lembrei-me da conversa que havia tido com meu pai antes de voltar para o presente.

— E pelo que posso ver, você acabou de chegar a esse ano, não é? Não sabe quase nada do que aconteceu ao longo do tempo — ele disse coçando o queixo.

— Bom, sim *e* não.

Meu pai entortou o nariz, confuso.

— Eu não sei o que aconteceu durante esse ano, mas conforme o dia passa, alguns *flashes* invadem minha memória e fazem eu me lembrar. É estranho.

— Não, Logan, não é estranho. É totalmente normal — ele disse, ainda rindo.

Assenti, sem saber o que falar.

— E a sua viagem... Deu certo? — ele perguntou, confiante pela primeira vez.

Sorri, concordando com a cabeça enquanto pensava em Olivia pintando na sala de estar.

— Ela é ótima — referiu-se a Olivia. — Faz você muito feliz.

Meu pai colocou as mãos nas costas e suspirou, depois sentou-se na poltrona onde estava antes de eu chegar.

— Você está bem, pai? — perguntei. — Parece cansado.

— É o que o amor faz com a gente. A ausência dele nos destrói — foi sua resposta.

Balancei a cabeça, negando.

— Eu...não entendi.

— Ah, L. Acho que você ainda não entendeu como tudo isso funciona — ele disse com pena no olhar. — Eu inventei essas pílulas para trazer sua mãe de volta. Mas, como você pode ver, ela não está aqui.

Seus olhos estavam marejados.

— Sim, eu entendi — afirmei, boquiaberto. — Eu arrumei o meu passado e o de Olivia, agora vou trazer minha mãe de volta. Para mim, tudo parece muito rápido. Quer dizer, eu pulei um ano em um minuto, pai. Sei que para você deve ter sido muito difícil já que ficou sem ter o que fazer, mas vou salvá-la.

— Eu não tenho dúvidas quanto a isso, L.

E Se...

Desculpa
30 de agosto de 2015

"Preciso de você. Você é boa e eu preciso de coisas boas em minha vida."

(American horror Story)

    Eu sempre tive medo de viajar de avião. Porém, *aquela* viagem havia me causado um medo extremo. Dizer para os pais de Liv que estávamos namorando era *tão* estranho. Porque eles podiam me conhecer, mas eu não me lembrava de nada.

    Quando o avião alcançou o chão, eu pude abrir os olhos. Meu coração voltou ao seu devido lugar e pude respirar de verdade. Olivia entrelaçou seus dedos nos meus e tudo pareceu estar em seu devido lugar.

    Embora eu ainda tivesse que trazer minha mãe de volta, quis esperar mais alguns dias e fazer aquela viagem com Liv. Ela queria tanto e eu não consegui negar.

    Ao meu lado, ela ria sem parar.

    — Você já andou de avião antes, L, não sei por que faz tanto drama!

    — Olha, eu estou em um momento de reconstituição emocional, me deixe respirar — falei automaticamente, fazendo-a sorrir.

    Ela levantou da poltrona e abriu o compartimento que ficava acima de nossas cabeças, saí do meu lugar e levantei para ajudá-la. Peguei sua bolsa de couro azul e lhe entreguei.

Saímos do avião o mais depressa possível, aquilo era uma tortura para mim. Fomos até uma das esteiras. Malas corriam para lá e para cá e todas se pareciam muito. Eu mal conseguia discernir qual era a minha e quais eram as de Olivia. Ela avistou algo no final de uma esteira e correu para buscar a bagagem. Corri atrás dela, sabia que ela não aguentava nenhuma das malas.

Pegamos o Punk, seu novo cachorro. Olivia tinha feito um escândalo para que o trouxéssemos, ela disse que Isabelle ia adorá-lo. Eu disse que não seria uma boa ideia e avisei que atravessar o país com o Punk, no mínimo, causaria alguns... Danos. Por sorte, nenhum segurança nos parou para se queixar do cachorro.

Saímos do aeroporto e pegamos um táxi. Não demorou muito até chegarmos a uma casa de dois andares amarela. Havia um mastro segurando a bandeira dos Estados Unidos e uma imensidão de grama perto de onde o carro estacionou. Algumas flores delicadas dentro de gaiolas brancas decoravam a entrada da casa e soltavam um fraco cheiro adocicado. Olivia respirou fundo e bateu duas vezes na porta branca com sininhos de prata que, por sua vez, tilintaram.

Uma mulher de cabelos loiros desgrenhados, pele clara, olhos castanhos e um sorriso convidativo abriu a porta.

— Finalmente! — cantarolou ela.

— Oi, mãe. — Olivia soltou a mala de mão, que caiu no chão, e a abraçou forte.

A mãe de Liv, Emily, sorria sem parar. Seus lábios estavam tão curvados que faziam com que algumas ruguinhas surgissem no canto de seus olhos castanho-claros.

Quando elas finalmente se soltaram, Emily disse:

— Logan, como você está lindo!

— Obrigado — falei, tímido. Pensei em algo para falar e elogiá-la, mas não consegui nada que fosse bom o bastante.

— Que bom que vocês chegaram. O almoço está quase pronto — disse a mãe de Olivia.

Liv olhou para mim de soslaio, agachou para pegar a mala de mão e entrou saltitando pela casa, levando Punk consigo. Olhei em volta e vi as duas malas gigantes de Olivia paradas à minha frente, sem contar a que eu estava trazendo nas costas, que era a única mala que havia trazido.

Suspirei e as levei para dentro.

Pisquei algumas vezes para meus olhos se acostumarem com a iluminação. Deixei as malas no canto e fui procurar por Olivia. Andei pela casa que, reparei, era muito bonita e espaçosa. Subi as escadas vitorianas de mármore branco cobertas por um tapete de veludo vermelho escuro. Os degraus rangeram enquanto eu os subia, caminhei pelo longo corredor que se estendeu à minha frente, entrei em um dos quartos que estavam com a porta aberta e deixei as malas perto desta.

— Sim! — Ouvi a voz abafada de Olivia.

Notei que estava perto da porta do que seria o quarto da mãe de Liv. Ouvi as duas rindo e — pode parecer loucura — acho que ouvi meu nome. O que estariam falando sobre mim? Apurei meus ouvidos para tentara ouvir melhor.

— Ah, que ótimo, Olivia, fico feliz em saber que... — Não consegui ouvir a última parte.

Dei dois passos em direção à porta do quarto.

— É só que eu não quero me apressar, sabe? — continuou Olivia.

— Você não está se apressando — foram as palavras de Emily.

Dei mais um passo em direção à porta de madeira marrom escura e coloquei a cabeça contra ela, como as pessoas fazem em filmes. Não adiantou muito.

— Sim, eu também acho. Vou falar com ele hoje — disse Olivia. — É que estamos... Você sabe, estamos namorando há pouco tempo. E eu ainda não disse a palavra com "A". Tenho medo de apressar as coisas, pode ser que ele ainda esteja na fase amigo-namorado.

Palavra com A?

Fase amigo-namorado?

— Querida, não se apresse, fale o que você está sentindo. Eu tenho certeza de que ele sente o mesmo — falou Emily. — Em todo caso, diga o que sente apenas quando estiver preparada.

Ouvi a respiração de Liv perto da porta. Elas haviam se levantado da cama. Pelo menos eu *pensei* que sim.

Ouvi passos vindo em minha direção e arregalei os olhos. Desgrudei o rosto da porta e andei depressa até a ponta da escada de mármore, fazendo Punk latir alto. Peguei meu celular que estava no bolso para não dar na cara que estava ouvindo a conversa delas.

A porta se abriu.

— Ah, Logan, você está aqui — contemplou a mãe de Liv.

Olivia estava prendendo a respiração.

Assenti para Emily, ela sorriu e desceu as escadas. A clavícula de Liv ainda estava ali, totalmente à mostra, afirmando a falta de oxigênio.

— Solte o ar! — exclamei.

Ela fez uma careta e gargalhou, soltando o ar.

— Odeio quando você faz isso. — Suspirei.

Olivia sorriu, se aproximou e disse:

— É só uma brincadeira.

Neguei com a cabeça. Não gostava de pensar em Olivia se machucando ou alguma coisa do tipo, então, sim, eu me preocupava quando ela fazia esse tipo de coisa.

Olivia colocou os braços em torno de meu pescoço e beijou minha bochecha.

— Eu sei que você estava ouvindo nossa conversa. — Ela fez beicinho e, então, sorriu.

Não consegui conter o sorriso.

— Eu não faria isso — menti. — Eu sei que você e sua mãe têm muito que conversar a sós. Faz tempo que vocês não se veem.

Ela concordou com a cabeça e olhou dentro dos meus olhos.

— L, eu quero falar que... — Ela pareceu hesitante e depois concluiu: — ... Que meu pai chega daqui a pouco.

Eu tinha total certeza de que não era aquilo que ela queria me dizer.

— Tudo bem — eu disse.

— Ele falou que vai estar aqui às 14h. — Ela suspirou com um sorriso torto nos lábios. — Isso é daqui a pouco. Por que estou nervosa?

Ainda estávamos muito perto um do outro, a centímetros de distância. Olivia tinha um dos braços em torno de meu pescoço e o outro estava apoiado em meu ombro. Eu podia sentir seu cheiro.

— Respira fundo, vai dar tudo certo — tentei consolá-la.

Ela fitou o chão.

— Eu sei. — Balançou a cabeça. — É só... Essa casa, você... E se ele achar que estamos indo muito rápido?

— O que tem de errado com essa casa? — perguntei, para afastar a hipótese de estarmos indo muito rápido.

— Ah, você não reparou? — ela fez uma pergunta retórica. — Tudo aqui está me dando nos nervos e só chegamos há dez minutos.

Neguei, rindo.

— Estamos indo muito rápido? — ela perguntou hesitante.

— Não — sussurrei. — Estamos compensando o tempo perdido.

E então ela mordeu o lábio. Quando o fazia, parecia que uma explosão acontecia dentro de mim. Era meio estranho, mas eu sabia que era bom.

Eu não aguentava mais. Vê-la daquele jeito, nervosa, apreensiva e ao mesmo tempo feliz por estarmos juntos, por estarmos "compensando o tempo perdido" ... Contornei sua cintura com as mãos, me aproximei o máximo que pude até ficar a milímetros de distância e então a beijei.

Beijar Olivia era a melhor sensação que poderia existir. Era muito melhor do que tirar nota máxima em uma prova de física, era muito melhor do que acordar de madrugada e ver que você ainda tem mais tempo para dormir, era melhor do que ler enquanto chove...

Ouvi a porta da frente dando um estralo. Afastei-me e olhei em direção à porta, era o pai de Liv. Ela me olhou apavorada e disse rápido demais:

— Não fale de política, não fale nada de ruim sobre cowboys e faça o que fizer, mas não use as palavras "úmido" ou "universo".

Cerrei os olhos, confuso.

— Meu quebra-gelo já era. — Ri baixo e ela tentou não rir também.

Olivia desceu as escadas e correu para a porta, o Sr. Wolf estava vestido formalmente, de terno e gravata. Liv o surpreendeu com um abraço caloroso. Ele deu uma gargalhada abafada e a abraçou da mesma maneira.

— Que saudade, pai! — exclamou Olivia.

Cheguei mais perto. Agora eu estava ao lado deles. O Sr. Wolf trazia uma garrafa de vinho bordô nas mãos. Ele era o único da família que tinha os cabelos castanhos, quase ficando grisalhos, mas acho que era isso que o fazia ter aquele ar de elegância.

— Que saudade, *Livizinha*! — Ele estreitou os olhos, já esperando a desaprovação de Olivia.

— Ok, pagando mico — ela disse com irrelevância.

— É o meu trabalho — respondeu o pai de Olivia.

Gargalhei para Olivia.

— E esse belo rapaz? — perguntou ele, sorrindo.

— Eu... — comecei a falar, mas fui interrompido quando vi o Sr. Wolf se agachar e fazer carinho no pelo acinzentado de Punk.

Ah, claro. Era *ele* o belo rapaz.

— Uau, você é lindo — ele continuou a dizer para Punk. — Que bom garoto.

— Este bom garoto pertence a *esse* bom garoto. — Olivia me apontou com um movimento leve de cabeça.

O Sr. Wolf se levantou e voltou à sua postura ereta e concentrada, abotoando o terno e ajeitando a gravata.

— Eu sei. — Ele gargalhou. — Olá, Logan, estava só brincando com você.

Tentei sorrir quando ele me abraçou de maneira afetiva. Afastei-me e balancei a cabeça, sem saber o que fazer.

— Ah, você chegou, até que enfim. A mãe me mandou perguntar se você trouxe o vinho — disse Isabelle, saindo da cozinha.

Eu ainda não tinha visto Isabelle. Ela não se parecia muito com Olivia. Sua pele era clara, seus olhos escuros e seu cabelo... verde.

O pai de Olivia balançou a garrafa de vinho nas mãos, sinalizando que havia comprado. Depois sorriu para mim e para Liv e andou em direção à cozinha sem falar nada.

Olhei para Olivia. Não consegui decifrar o que ela estava sentindo naquele momento. Nossos olhares se encontraram e sorriram um para o outro.

— Não foi tão ruim, não é? — perguntou ela, brincalhona.

— Não foi, não. Só vamos esquecer a parte que seu pai me confundiu com um cachorro. — Apontei para Punk, que estava mordendo um ossinho de borracha no canto da sala.

— Pelo menos o Punk é fofo! — Gargalhou Olivia, caminhando em direção às escadas. Quando me virei para fitá-la, estava com *aquele* sorriso, então a segui. Ela entrelaçou os dedos aos meus e mais uma vez senti que estar com ela era a única coisa da qual eu tinha certeza que era certo na vida.

Subimos os degraus e andamos pelo longo corredor do andar de cima. O lugar era decorado com vários quadros. Reconheci a leveza das pinceladas, os traços feitos...

— São lindos, Liv — falei impressionado.

Ela negou com a cabeça, tímida.

Andamos mais alguns passos e avistei uma porta

marrom escura de madeira, como as outras, mas havia pássaros desenhados em alto relevo nas laterais prateadas. Aquele seria o quarto de Olivia, caso ela morasse ali.

Entrei depois dela e fechei a porta. O quarto não era tão decorado quanto os outros ambientes da casa. Havia uma cama de casal, um closet, uma escrivaninha com alguns papéis e materiais de pintura, a parede era preta com pássaros desenhados, como os da tatuagem.

— Acho que precisamos terminar algo... — Olivia me provocou com o olhar, piscando.

Acho que fiz cara de quem está confuso, porque ela se aproximou o bastante para que pudesse sentir o seu cheiro. Um cheiro suave e convidativo.

Eu não conseguia. Não conseguia sentir seu cheiro sem tocá-la. Era como o magnetismo. Parecia que Olivia tinha um imã colado em seu corpo e que eu era o único pedaço de metal do mundo. Nós éramos *atraídos* um pelo outro.

Beijei-a como nunca havia beijado. Eu podia senti-la. Podia sentir a sua respiração, seus olhos cravados nos meus, os seus pelos do braço se eriçando... Eu podia sentir.

Quando me afastei, estávamos ofegantes e alertas. Um sorriso torto se formou involuntariamente em meus lábios, o que provocou uma rajada de risadas em Olivia.

Ela se aproximou lentamente e sussurrou:

— Temos que descer...

Revirei os olhos, lhe fazendo sorrir.

O resto do dia foi melhor do que eu esperava. Passamos a tarde jogando *Baseball* no jardim dos fundos. Foi um dia muito bom. Olivia ria sem parar, e achei que nunca a tinha visto tão feliz e animada.

Improvisamos um minicampo, fizemos as bases com caixas curtas de madeira e usamos o taco, a luva e a bola de *baseball* do Sr. Wolf, que era um grande torcedor.

Era a minha vez de lançar a bola. Semicerrei os olhos para Olivia, que ia rebater. Ela era muito boa. A bola foi mirada um pouco mais para cima do que o esperado, mas, mesmo assim, pulou e conseguiu rebatê-la. No mesmo instante, Liv começou a correr em direção à bola rebatida enquanto eu corria pelas bases improvisadas.

Quando finalmente alcancei a bola, Olivia já estava na primeira base com os braços cruzados. Rindo de mim.

Não era minha culpa não saber jogar baseball. Nunca fui bom com esportes.

Os pais de Olivia estavam abraçados, sentados em um banco de madeira coberto por um guarda-sol enorme branco com listras verdes. Eles riam sem parar da minha derrota. Mais ao lado, Isabelle estava fazendo carinho em Punk, que parecia muito bem acomodado em uma grande almofada roxa sobre o gramado verde. O sol estava muito forte.

Peguei a bola e caminhei até Olivia, que ainda não tinha parado de rir.

— Você é muito ruim, L — apontou ela.

Revirei os olhos, tentando parecer bravo. Sem sucesso. Olivia olhava para mim com os olhos esperançosos, o que me fez sorrir.

Então ela deu um gritinho e se jogou em cima de mim. Caímos na grama, eu com as costas no chão e Olivia em cima de mim. Nossos rostos perto um do outro.

Eu estava pronto para dizer a Olivia que se ela fizesse isso mais uma vez, eu provavelmente quebraria alguma parte do meu corpo, mas quando alcancei seus olhos brilhantes, tudo pareceu se encaixar.

Naquele momento que caiu a ficha.

Eu havia *salvado* Olivia.

Se não fosse por mim, ela ainda estaria no reformatório, triste, encabulada e nós não teríamos um futuro. Eu consegui salvá-la.

Agora ela tinha a felicidade de volta, a alegria em seus olhos. Tínhamos um ao outro e éramos felizes.

Estava tudo encaixado, tudo em ordem. A não ser por uma coisa. Eu ainda precisava trazer minha mãe de volta.

Cuidaria disso mais tarde.

Olivia ainda ria sem parar em cima de mim. Seus longos cabelos loiros caíam para o lado, fazendo tudo à nossa volta ficar em um tom amarelado, sendo refletido pelo sol. Seus olhos brilhavam como nunca.

— Eu amo os seus olhos — sussurrei em seu ouvido. Ela riu tímida e cravou os olhos que eu tanto amava nos meus, fazendo-me rir junto, então continuei: — E o resto do seu rosto também.

Ela negou com a cabeça. Olivia era muito modesta, não aceitava elogio algum. Então saiu de cima de mim e se sentou na grama, olhando para o pôr do sol. Tentando absorver o máximo de tempo daquele momento. O céu estava num tom azulado, mesclado de nuvens cor de laranja.

— Às vezes você me deixa sem jeito, L — sussurrou, colocando a mão em cima da boca, como se estivesse contando um segredo.

— Você não viu nada. — Gargalhei.

— Como assim? — questionou ela.

— O que é a "palavra com A"?

Ela arregalou os olhos e colocou a mão sobre a boca, pasma.

— Logan, você estava ouvindo?! — acusou, cruzando os braços.

Não disse que sim nem que não. Ela sorriu de volta, como se estivesse se desculpando.

— O que foi? — perguntei sem graça, quando percebi que ela não ia falar nada.

Ela deu de ombros, sem saber o que falar. Olhei em volta. Os pais de Olivia tinham entrado na casa. Eu não sabia onde estava Isabelle, mas sabia que não estava com o Punk, porque ele estava andando pelo jardim. O sol estava quase se pondo, mas deixou alguns raios alaranjados refletirem no rosto de Liv.

— O que há de errado, Olivia? — perguntei de novo.

Ela sorriu sem graça.

— Eu não sei — respondeu por fim, fazendo os braços caírem para o lado.

— É porque eu ouvi a conversa? — perguntei tímido. — Me desculpe, não foi a minha intenção.

Ela negou com a cabeça e deitou na grama, olhando para o céu. Fiz o mesmo e observei o que Olivia observava, tentando pensar como ela. O céu possuía poucas nuvens e já estava quase totalmente escuro.

— É que eu estou com medo — ela começou depois de um tempo, ainda fitando o céu. — Quer dizer, você me ajudou, L. O que eu estaria fazendo se você não tivesse feito o que fez por mim?

Entendi o que ela queria dizer, era grata a mim pelo que fiz naquela noite chuvosa. Eu a ajudei, era verdade, mas não fiz isso apenas por ela, fiz isso por *mim* também.

Virei minha cabeça para poder vê-la melhor. E quando ela cravou os olhos nos meus, eu sorri, me desculpando. Ela respirou fundo e entrelaçou os dedos aos meus, então voltou a encarar o céu.

— É que eu te amo muito, Logan — ela choramingou.

Uau.

Naquele átimo eu quis sair correndo dali e gritar para os quatro cantos da Terra que Olivia Wolf me amava. Que eu não era um completo idiota por pensar que um dia ela finalmente cederia. Ela me amava, assim como eu a amava.

Ela tirou os olhos do céu e me olhou mais uma vez. Agora os seus lábios carregavam a sombra de um pequeno sorriso. E seus olhos estavam marejados. Apertei minha mão na dela e trouxe-as para perto do meu rosto, então as beijei com delicadeza.

Ela suspirou.

— Eu te amo, Olivia — respondi com um sorriso bobo no rosto.

Ela desviou o olhar de nossas mãos para meus olhos e então disse:

— Eu sei, L. E é por isso que eu odeio pensar que você algum dia pode deixar de me amar. — Uma lágrima escorreu pelas suas bochechas, caindo na grama. — Porque eu não suportaria isso.

Eu queria gritar que nunca faria isso. Queria falar que eu nunca cogitei a opção de amar alguém, mas então ela apareceu e me fez pensar de outra maneira. Deu-me um destino.

— Liv — comecei sem jeito, mas quando vi seus olhos brilharem, tive coragem para falar o que queria —, às vezes estamos sem rumo, mas alguém entra em nossa vida e se torna o nosso destino. Eu *nunca* — frisei essa palavra — te deixaria.

Ela riu e suspirou ao mesmo tempo, dando a impressão de que estava soluçando.

— Eu estava com medo. — Ela apertou meus dedos. — Com medo de não estar sendo boa o suficiente. Não quero que você fuja de mim.

Arregalei os olhos.

— Eu nunca vou fugir de você, Olivia. De onde tirou essa ideia?

Ela deu de ombros, o olhar triste.

— Eu queria tanto que você não fugisse de mim... Mas se eu fosse você, eu fugiria.

Abri a boca para falar, mas ela me interrompeu:

— Eu sei que você está falando todas essas coisas fofas e bonitas, parecem citações de livros, sério. — Ela me fez rir com a ideia. — Mas tenho medo de algum dia te decepcionar tanto e você acabar indo embora. Não quero que isso aconteça. Nunca.

Aquela ideia me fez estremecer. Eu não imaginava minha vida sem Olivia, não imaginava como poderia ser o nosso futuro. E isso podia soar meio irônico vindo de uma pessoa que podia *mudar* o passado e *construir* o futuro. Talvez fosse por isso que eu não queria pensar naquele assunto. Apenas queria viver o presente. E ser feliz.

— Escute, Liv — comecei —, eu não acho que vamos nos separar um dia. Nascemos para ficarmos juntos. Não tem essa hipótese de ficarmos separados. Estamos destinados a permanecer juntos, no mesmo momento. Sempre. Eu nunca vou te abandonar.

Ela sorriu e assentiu, secando a lágrima que pairava em sua bochecha.

— Mas... — ela começou.

E então era a minha vez de interromper.

— Se você acha que algum dia vamos nos separar...

— comecei hesitante e ela negou com a cabeça, querendo falar. Levantei a mão, para que me deixasse falar, me sentando. — Então quero ficar ao seu lado enquanto ainda temos tempo. E se não durar muito, vai ser o que nos resta. Vai ser suficiente.

Ela se sentou na grama, ao meu lado. Agora a lua brilhava no céu.

— Eu sei, L. — Ela sorriu e entrelaçou os dedos nos meus mais uma vez, olhando dentro dos meus olhos. — Eu também amo os seus olhos.

Depois do jantar chique que a Sra. Wolf planejou, dei um beijo demorado em Olivia — não era uma despedida — e fui para o quarto de hóspedes.

O cômodo era até que bacana. Não fazia o meu estilo, mas era legal, bem arejado e as cortinas eram leves com um tom amarelado bem claro. Não havia muitos móveis. Apenas uma cama com dossel — não achei tão legal essa parte. —, uma escrivaninha branca com alguns papéis e algumas canetas simples e minha mochila, ao lado, uma cadeira da mesma cor que a escrivaninha fazia conjunto com ela. As paredes eram brancas. Simples. E também havia uma cômoda, para que eu pudesse guardar minhas coisas.

Mas eu não usaria nada daquilo.

Eu tinha que salvar minha mãe.

Tateei meu bolso em busca da cartela prateada com

as pílulas. Meu fone de ouvido estava enroscado na cartela, o que me deu um tempo a mais para pensar no que faria quando chegasse ao passado.

Não consegui pensar em nada. Apenas *sabia* que era minha obrigação salvar minha mãe. Eu devia isso ao meu pai. E *precisava* da minha mãe.

Destaquei uma pílula e guardei a cartela no bolso. Fui até a escrivaninha e me sentei na cadeira que combinava.

Respirei fundo.

Coloquei a pílula na boca. Alcancei um dos papéis e uma das canetas, que estavam em total ordem em cima da escrivaninha, e escrevi a data do dia em que minha mãe *se* foi.

Eu me lembrava daquele dia como se fosse ontem. E, bem... Se eu dissesse isso a meu pai ele diria: "Talvez tenha sido mesmo ontem".

Concentrei-me na data escrita na folha e só me dei conta de que tudo já estava acontecendo quando as canetas e minha mochila caíram no chão com o tremor. E, então, veio aquele clarão que eu tanto odiava.

E Se...

Bloqueio
31 de julho de 2015

"Você tirou uma foto de nós dois. E então descobriu (descobriu) que o resto do mundo era preto e branco, mas nós tínhamos cores vivas."
(Taylor Swift; trecho de "Out Of The Woods")

Eu estava deitado. Meus olhos, fechados.

Sei que deveria abri-los, mas eu apenas queria mantê-los fechados por alguns segundos. Parecia que se os mantivesse assim nada de ruim poderia acontecer. De olhos fechados eu não influenciaria em nada as linhas do tempo e tudo continuaria normal. Então continuei parado.

— Logan, Olivia está aqui. — Ouvi a voz do meu pai.

Por um instante, quis abrir os olhos. Quer dizer, era Olivia, minha namorada, a única pessoa que me conhecia de verdade, conhecia meus segredos, sabia sobre os meus defeitos e, mesmo assim, ainda continuava me amando.

É que eu te amo muito, Logan. A voz dela ecoou em meus pensamentos, fazendo com que meus lábios se contraíssem em um pequeno sorriso tímido. Era tão bom saber que o que Olivia sentia por mim era o mesmo que eu sentia por ela. Com certeza, uma das melhores sensações do mundo.

Tentei abrir os olhos, mas um *flash* percorreu minhas lembranças, fazendo-me estremecer.

Eu estava no carro dos meus pais. Meu pai dirigindo e minha mãe reclamando sobre mim.

— Você tem que melhorar muito se quiser ser alguém na vida, L. — Ela gesticulava com as mãos, me olhando com um olhar gentil pelo espelho.

Revirei os olhos, mas não deixei que ela visse.

— Vou melhorar. Prometo. — Suspirei.

— Você disse a mesma coisa da última vez — murmurou meu pai, visivelmente angustiado. — Logan, não vou aturar esse tipo de comportamento vindo de você. O que está acontecendo? Você não era assim. Sempre te demos tudo. Essa é a segunda vez que você faz isso!

Revirei os olhos novamente e ouvi meu pai fungar no banco da frente. Segurando o volante com tanta força que era possível ver os nós de seus dedos ficando brancos.

— Ok — falei, sem humor na voz.

Ele olhou para o banco de trás, onde eu estava, com um olhar gélido, por meio milésimo de tempo, mas foi o suficiente para eu entender o recado.

Abri os olhos. Que estranho. Que *lembrança* estranha. Por que meu cérebro queria que eu me lembrasse daquilo?

Passei os olhos pelo meu quarto. Eu estava deitado, fitando o teto, suspirei e olhei para meu pai, que estava apoiado no batente da porta. Ele parecia furioso. E um arrepio percorreu minha espinha, fazendo-me lembrar de que eu deveria informá-lo sobre essa viagem, mas quando fitei seus olhos azuis gélidos, decidi que não contaria.

Assenti, concordando e lembrando-me do que ele veio me falar. Olivia estava me esperando no andar de baixo.

Ele bateu a mão com força na porta e saiu do meu

campo de vista, batendo os pés contra o chão. Por que ele estava tão bravo? Meu Deus.

Levantei-me da cama para ir encontrar Olivia, mas antes dei uma checada no espelho.

Eu tinha os cabelos desgrenhados e embaraçados, passei a mão por eles na tentativa de melhorar minha aparência. Estava com cara de quem acabou de acordar, meus olhos estavam vermelhos, havia olheiras escuras contornando-os.

Afastei esse pensamento quando passei os olhos pelas minhas roupas. Eu estava vestindo uma calça jeans surrada, uma camiseta de gola em V com os dizeres: "Made in Dallas", por baixo de uma camisa jeans azul escura com as mangas arregaçadas.

Revirei os olhos e contraí os lábios. Aquelas olheiras e as minhas roupas faziam o meu cérebro querer trabalhar, mas ele não processava nenhuma informação útil.

Até que encarei meu rosto pela última vez e percebi. Aquelas roupas... Eu estava usando as mesmas roupas na minha lembrança do carro. Era por isso que meu pai estava tão tenso?

Meu pai era um homem inalterável. Era fleumático, pacato... Não tinha razão para estar tão perturbado. Devia ser algo simples como as minhas notas, mas não tinha motivo para isso.

"Essa é a segunda vez que você faz isso!", lembrei-me do que havia escutado na lembrança.

O que eu tinha feito de tão ruim?

Passei as mãos pelos cabelos mais uma vez e então comecei a andar pelo corredor, que me levaria até as escadas. Vi minha mãe abrir uma porta no final do corredor e fechá-la atrás de si com sutileza. Quando ela me avistou, deu um pequeno sorriso demonstrando calma. Seus olhos estavam vermelhos, parecia inquieta.

Eu estava ali por ela, não para passar mais tempo com Olivia, era apenas para salvar minha mãe. Eu tinha que agir.

Sabia que Olivia estava no andar debaixo esperando por mim, mas ela podia esperar um pouco mais, porque, afinal de contas, eu também amava a minha mãe.

No presente, meu pai me contou que minha mãe morreu em um acidente de carro, indo ao supermercado para comprar ovos para um bolo, acho. Apenas precisava esperá-la querer sair de casa e, então, eu a impediria. Eu encontraria um jeito. Não era algo impossível de se fazer, minha mãe era uma pessoa bem distraída.

Não havia o que fazer naquele momento, senão descer e falar com Olivia. Tentei sorrir da melhor maneira que pude quando cheguei à sala de estar, mas parei quando fitei o olhar duro de Olivia sobre mim, sua boca contorcida em uma careta de reprovação.

O que estava acontecendo com as pessoas naquele dia? Eu precisava fazer meu cérebro trabalhar em respostas.

— Onde esteve? — Olivia disse com dor em sua voz, depois de um tempo me encarando.

— Aqui — falei sem hesitar.

Ela me olhou por debaixo de seus longos cílios.

— Aqui?

Dei de ombros, concordando, para não dar na cara de que eu não fazia ideia do que ela estava falando. Mas é claro que eu estava ali, não era óbvio? Onde mais eu estaria?

Ela revirou os olhos, sua postura totalmente ereta, se levantou do sofá e veio caminhando em minha direção muito lentamente, sem nenhum traço de felicidade em seus olhos.

Olivia estava com os olhos faiscando de raiva. Por que estavam todos bravos?

— Você não me ligou, não me mandou mensagens — ela disse com uma voz mansa, quase choramingando. Por uma fração de segundo pensei que a minha Liv, calma e amorosa, estivesse de volta. Resposta errada. — Não conversamos há uma semana — ela gritou. — Desde quando eu e você não nos falamos?

Não sabia o que responder. Eu realmente não sabia o porquê de não termos nos falado nos últimos dias. Parecia que era minha culpa. Ótimo.

— Desculpe. — Optei por um pedido simples.

Talvez funcionasse. Pedi a *Deus* para que funcionasse.

Olivia começou a mexer nos pingentes de sua pulseira, que cobria a tatuagem de pássaros.

Estranho, pensei, a tatuagem não sofria alterações. Eu podia fazer o que quisesse com o tempo, mas a tatuagem não saía do lugar. E, de certa forma, fiquei contente ao perceber isso, porque eu amava aquela tatuagem.

— L — Olivia parecia menos brava agora. Olhei para ela hesitante. —, estou te ligando há dias. Eu não ouço a sua voz há um bom tempo. — Ela continuava mexendo na bicicleta em sua pulseira. — Eu… Eu não aguentava mais esperar por notícias, então vim até aqui hoje, seu pai parecia tão perturbado e sua mãe muito triste. Eu não sabia o que estava acontecendo, até pensei em ir embora e voltar em um momento mais apropriado, mas o Sr. Moore pediu para que eu entrasse e conversasse com você.

Meus pais não estavam daquela maneira apenas comigo, Olivia também percebeu. Mas ainda parecia que tudo aquilo estava acontecendo por *minha* causa.

— Seu pai pediu para que falasse com você, mas eu não sabia sobre o que conversar. — Ela olhou para cima, piscando algumas vezes, triste. — Ele me disse que você foi mandado para a SMinL por uma semana. Algo que você fez deu errado, você ficou lá por uma semana e eu não pude falar com você.

O quê?

SMinL. Não, não, não. Eu não podia voltar para aquele lugar. Era horrível. O que eu tinha feito para ter de voltar? Eu não era assim.

Então meu cérebro captou a mensagem. Um *flash*...

Estava escuro. Alguns garotos gargalhavam comigo. Eu me lembro de ter chamado Ian para ir comigo, mas ele rejeitou na hora. Eu me lembro de ter gargalhado da cara dele e me lembro de tê-lo chamado de covarde.

O que eu estava fazendo?

Um dos garotos que reconheci, Liam, me entregou uma lata de tinta em spray, continuava rindo e bebendo algo direto da garrafa. Os outros garotos estavam rindo também e aguardando alguma coisa.

Eu me lembro de que, antes de saber que podia voltar no tempo, quando ainda estava na SMinL, Liam comentava comigo sobre uma fuga. Já havia fugido algumas vezes e por isso o seu tempo a cumprir havia aumentado, mas ele não se importava. Dizia que não tinha ninguém que se importasse com ele, então não precisava agradar ninguém importante.

Mas eu havia mudado o meu passado, não era para estar no reformatório. Liam não me conhecia. Quando me viu na rua, antes de eu entrar na escola, ele perguntou se eu era forte. Ele estava formando um grupo. Um grupo feito para que pudesse se vingar de uma pessoa, que eu não podia saber o nome. Na hora, achei engraçado e topei.

E agora, lá estava eu, com uma lata de tinta spray nas mãos grafitando um muro. Fazia parte da "iniciação" do grupo. E eu me lembro do que estava sentindo. Queria muito entrar. Sentia-me forte.

Comecei a rabiscar aquele muro com palavrões e desenhos, assim como eles mandaram. Eu estava rindo também. Lembro-me de ter achado aquilo divertido. Já passava das três da manhã.

Então o muro ficou vermelho e azul e uma sirene ecoou em meus ouvidos. A polícia. Olhei em volta e percebi que estava sozinho com a lata de tinta spray.

Ah. Meu. Deus.

Consertei o passado de Olivia, mas estraguei o meu. Como eu podia ter feito aquilo? Agora eu podia lembrar. A polícia ligou para meus pais e me levaram para a SMinL. Era para eu ter ficado um bom tempo, mas meu pai fez um acordo com o reformatório. Eu ia cumprir trabalho comunitário.

Arregalei os olhos.

— Liv... — tentei.

Ela negou com a cabeça.

— Foi uma coisa tão estúpida, Logan! — gritou. — Você é ridículo.

— Eu sei — concordei. — Não sei o que deu em mim.

Ela arfou. Queria saber o que se passava pela mente dela.

— Eu odeio quando você faz isso, Logan. Essa é a segunda vez que se mete em confusão. Não quero isso, não quero.

— Liv, me desculpe, não pensei no que estava fazendo. — Eu estava sendo sincero. Porque o meu *eu* do presente não era assim. — Não queria decepcionar ninguém.

— Eu sei que não — ela assentiu. — Pelo menos você

não vai mais *me* decepcionar. Não quero mais, Logan. — Ela balançou a cabeça. — Não quero mais. Você fez tudo aquilo naquela primeira noite, você me ajudou, não deixou que eu assaltasse alguém, me ajudou com Johanna... Disse-me que se fizesse alguma besteira, me prenderiam. Eu confiei em você, Logan, eu confiei.

— Você ainda pode confiar, Olivia. — Soei sério.

— A questão é que eu não *quero* mais confiar em você, Logan. Eu sinto muito.

Não.

— Olivia, por favor... — sussurrei.

Eu não podia perdê-la.

— Esqueça, Logan! — implorou ela, os olhos brilhando.

Dei de ombros, exausto.

— Infelizmente, esquecer não é o meu forte — gritei. — Tipo, vai ser como... a morte. — Eu ia dizer algo a mais, mas uma risada nervosa escapou da minha garganta.

Olivia jogou os braços para cima e perguntou:

— Por que diabos você está rindo?

Não soube o que responder.

— Só porque você conseguiu rimar não significa que está tudo bem. — Ela fungou e, sem querer, apertou os lábios, na tentativa de não sorrir.

Tentei esconder o sorriso. Olivia estava terminando comigo, mas ela ainda me fazia sorrir. Eu tinha algum problema muito sério.

— Tenho certeza de que foi isso que a Rihanna disse para o Chris Brown quando os dois terminaram — ela disse, corando.

Em circunstâncias normais, eu riria de verdade, mas

tudo tinha perdido a graça de repente.

— Olivia, por favor, me desculpe — pedi mais uma vez, sério.

— Não, L, é por você que estou fazendo isso. Sinto muito.

Então ela respirou fundo, andou até a porta e saiu, me deixando sozinho na sala.

O que eu faria? Eu não podia viver sem Olivia ao meu lado. Sim, eu sabia que podia voltar no tempo e consertar tudo isso, mas não era esse o plano. O plano era salvar minha *mãe*, voltar para o presente e ficar com Olivia e a família completa novamente. Por que era tão difícil fazer a coisa certa?

Eu não estava fazendo as coisas saírem certas, essa era a questão. Eu não era bom o bastante.

Olhei para o relógio. Era 17h50min... Minha mãe. Eu não podia sofrer por Olivia agora.

— Austin, querido, calma, vai dar tudo certo. Eu vou buscar os ovos e fazer o seu bolo preferido. Faz assim, vai lá para o seu laboratório e fica estudando, já que você gosta tanto, daqui a pouco eu volto. — Ouvi a voz da minha mãe vindo do corredor de cima

Meu pai deve ter apenas concordado com a cabeça, porque não ouvi a resposta.

— Mas você tem que me prometer que, quando eu voltar, vai radiar alegria.

Ouvi uma risadinha da minha mãe.

— Tudo bem.

— Não gosto de te ver triste, Austin — disse ela, com a voz abafada.

— Eu sei. — Ouvi meu pai. — Juro que quando você voltar vou estar bem. Prometo.

Ela deu outra risada baixa e fez um "aham" baixo enquanto descia as escadas. Era triste pensar que eles já tiveram essa conversa antes, porém meu pai não pôde ficar bem, como prometera, porque minha mãe não voltou.

Minha mãe me encontrou quando chegou ao final das escadas.

— Logan — ela falou baixo.

Eu tinha certeza de que meu pai estava naquele estado por minha culpa.

Cruzei os braços, com vergonha.

— Mãe, me desculpe. — Baixei o olhar para os meus tênis sujos.

— Pelo quê? — Ela pareceu confusa.

— Por deixar vocês bravos. — Suspirei. — E... fazer *aquelas* coisas.

Ela tocou em meu ombro com um olhar pensativo e respondeu:

— Não fiquei brava, querido, apenas... decepcionada.

Sinceramente, eu preferia que ela ficasse brava, enfurecida, agonizada. Queria que ela quisesse me matar, mas não queria que ficasse decepcionada. Eu havia *decepcionado* minha mãe e isso era horrível.

— Sinto muito.

— Não há o que sentir. — Ela sorriu. — Vou ao supermercado, você quer alguma coisa?

— Não — respondi automaticamente.

Ela fez que sim com a cabeça e caminhou até a porta dos fundos, que levava à garagem.

— Quer dizer — falei, quando me lembrei —, eu quero *ir*.

Ela estreitou os olhos e abriu um sorriso enquanto

assentia. Corri para alcançá-la e entrei no carro, me sentando no banco do passageiro.

O mercado ficava perto, a apenas algumas quadras de distância. Minha mãe começou a dirigir e percebi que ela não estava com o cinto.

— Coloque o cinto, mãe — pedi, tentando soar gentil.

Ela estava tamborilando os dedos no volante, impaciente. Olhou-me e deu outro sorriso enquanto colocava o cinto de segurança.

Não sabia qual seria o plano. Eu não sabia qual seria a hora exata do acidente. E se fosse agora, eu morreria junto?

Tentei não pensar mais nesse assunto enquanto revirava o porta-luvas em busca de uma bala. Encontrei dois botões, quatro dólares e um panfleto azul que dizia:

> *"Jantar Beneficente a favor do Orfanato Primm.*
>
> *Dia 27 de setembro, às 22h00.*
>
> *Sua moeda pode transformar a vida de um milhão de crianças."*

Balancei o panfleto na direção de minha mãe e perguntei com os olhos o que era aquilo. Ela sorriu e falou:

— Você viu que coisa mais perfeita? Estou organizando um jantar beneficente para arrecadar fundos para o *Orfanato Primm*. Todo ano teremos um desses em favor deste mesmo orfanato. Espero que ano que vem seja melhor ainda!

Balancei a cabeça.

— Que legal.

— Verdade, só que estamos precisando de alguns *staffs* para arrecadação de verbas. Você conhece alguém? — perguntou.

— Não, mas se conseguir pensar em algo eu aviso.

Ela pareceu satisfeita e voltou a atenção para a rua. Não aconteceu mais nada até chegarmos ao supermercado. Minha mãe estacionou o carro cuidadosamente em uma vaga perto da entrada e desceu batendo a porta de leve enquanto eu fazia o mesmo. Passamos pelas portas automáticas e eu pude sentir o vento gelado vindo do ar-condicionado.

Minha mãe parecia calma enquanto alcançava um dos carrinhos de compras. Andamos em silêncio enquanto ela colocava os produtos no carrinho. Ela me perguntou se eu queria algo especial para comermos no jantar, respondi que não, mas que, talvez, meu pai fosse gostar de uma lasanha. Ela adorou a ideia e começou a colocar no carrinho alguns ingredientes para o prato.

Ela não comprou muita coisa, de modo que em menos de meia hora estávamos na fila do caixa para pagarmos.

— Tudo bem, L, me conte. — Ela suspirou.

Neguei com a cabeça, sem saber do que ela estava falando.

— Por que quando cheguei à sala Olivia já tinha ido embora e você estava com essa *cara-de-nada*? — ela perguntou, tentando parecer gentil o máximo que podia.

Não queria falar sobre isso, mas com quem mais eu falaria sobre Olivia, se não com minha mãe?

— Ela terminou comigo — murmurei.

Ela arregalou os olhos e cerrou os dentes, coisa que fazia quando não sabia o que falar.

— Oh, meu amor, eu sinto muito. — Minha mãe pousou a mão em um dos meus ombros. — Você sabe o motivo?

Soltei o ar. Claro que sabia, mas a culpa não era realmente minha. Era culpa do Logan que *eu* criei. Não queria falar que não sabia, então apenas balancei a cabeça.

Ela parecia não saber onde encaixar seu olhar, então apenas murmurou algo que eu não pude ouvir e empurrou o carrinho de compras mais para frente, mostrando que a fila tinha andando.

— Bom, pelo menos de uma coisa eu sei. — Ela sorriu, olhando para mim com aqueles olhos gigantes. — Ela te ama, Logan. Dá para ver em seus olhos. Quando te olha... nossa!

Soltei um suspiro.

— Não desista dela, filho — sussurrou minha mãe, triste. — Eu sei que você também a ama. Muito.

Tentei sorrir.

Fiquei feliz quando percebi que já tínhamos chegado ao caixa. A atendente começou a passar as compras pelo monitor de bom grado, com um sorriso enorme no rosto e fez piada sobre o clima, fazendo minha mãe rir alto.

Depois de empacotarmos as compras, as levamos para o carro e o desespero começou a me invadir. Eu ainda não sabia o que fazer. O estacionamento estava cheio, quase todas as vagas ocupadas. A vaga que o nosso carro estava ocupando ficava entre um carro esportivo vermelho e uma minivan preta com o capô levantado. Havia um homem cuidando do motor da minivan, uma fumaça preta e densa começou a sair pela parte aberta e o homem de cabelos claros começou a se estressar.

Minha mãe estava perdida em pensamentos, e eu agradeci aos céus por isso, assim teria tempo para pensar em algo.

Percebi que um alicate grande estava jogado ao lado do pneu do meu carro quando cheguei mais perto. Devia ter caído da maleta de ferramentas do homem da minivan. Então tive uma ideia.

— Mãe, posso te pedir um favor? — perguntei, tentando soar relutante.

Ela confirmou com a cabeça, abrindo o porta-malas para guardar as compras. Ajudei-a enquanto pensava no que falaria em seguida.

— Estou com uma dor de cabeça horrorosa. — Fiz uma careta. — Não tem como você ir até a farmácia comprar um advil para mim?

Havia uma farmácia do lado de dentro do supermercado. Ela mordeu o lábio inferior e fez que não com a cabeça, guardando umas das últimas sacolas.

— Tenho uma caixa enorme de advil em casa, L — ela disse. — Esses dias atrás encontrei uma amiga minha que é louca por promoções. Ela encontrou uma promoção que era: Compre 100 caixas de advil e leve mais 100.

Não sei se ficava mais preocupado com minha mãe tendo uma amiga maluca que comprara duzentas caixas de advil, ou por minha mãe estar prestes a sofrer um acidente de carro.

— T-Tudo bem... — Tentei pensar em mais alguma coisa.

Corri meus olhos pelo estacionamento aberto, em busca de algo útil, até que encontrei uma placa branca enorme pendurada em cima das portas automáticas, onde estava escrito: "Uma moeda por uma vida. Ajude o

Orfanato Primm."

Mas é claro!

— Tudo bem, então eu tomo um advil em casa — falei enquanto caminhava para abrir a porta do passageiro.

Minha mãe pareceu concordar e começou a caminhar em direção à porta do motorista.

— Mãe — chamei —, tive uma ideia perfeita!

Ela me olhou curiosa e arqueou as sobrancelhas, como se dissesse "vai em frente".

— Chame a garota que nos atendeu no caixa para ser uma das staffs no seu jantar beneficente — falei, tentando parecer alegre.

Ela abriu a boca e sorriu abertamente, espantada.

— Que ideia maravilhosa — falou. — Mas, não, tenho que te levar para casa. Você não está passando bem, querido.

Bufei.

— Tudo bem, mãe. Eu aguento por mais alguns minutos. — Dei de ombros, entrando no carro. — Tudo pelos órfãos.

Minha mãe sorriu e disse:

— Não saia daí. Volto em dois minutos.

E saiu correndo, segurando a barra do vestido para que não levantasse com o vento.

Dois minutos!

Quando não consegui mais ver a silhueta da minha mãe e tive certeza de que ela já tinha atravessado as portas, saí do carro e abaixei para pegar o alicate amarelo que estava perto do pneu traseiro. Era minha única ferramenta, eu tinha que pensar em algo para fazer meu carro não funcionar apenas com aquilo.

Imitei o homem ao lado e abri o capô. Naquele momento, esqueci tudo sobre como consertar um carro, como meu pai havia me ensinado anos atrás. Fechei os olhos e saí picotando tudo quanto é fio. Cortei fio vermelho, azul, preto, amarelo. Cortei o arco-íris inteiro, esperava que aquilo funcionasse. Se não, eu ia ter que interferir de outro jeito. Mas como?

Voltei para o banco do passageiro ao mesmo tempo em que minha mãe passou pelas portas automáticas. Ela entrou no carro e disse:

— Infelizmente, a Kyra não pode ser staff no dia do jantar — choramingou. — Mas não tem problema, ela disse que se o compromisso dela for cancelado vai tentar comparecer e garantiu que vai me ajudar.

Injetou a chave na ignição e a girou, o carro fez um barulho horrível, mas aparentemente ela não tinha percebido.

— Que pena! — murmurei sobre Kyra.

Por favor, não ligue, por favor.

Ela estalou a língua nos dentes, coisa que fazia quando estava desconfiada, tirou a chave da ignição e a colocou novamente, repetindo esse processo mais duas vezes.

— Que estranho — murmurou.

Suspirei, aliviado. Consegui.

— E agora? — perguntei inocente.

Ela olhou ao redor e de repente seus olhos se iluminaram. Tentei olhar através deles, mas não consegui.

— Vou pedir ajuda. Espere um momento.

Revirei os olhos, nervoso.

Minha mãe saiu do carro e andou calmamente até a vaga ao lado. Não consegui ler os lábios dela enquanto conversavam, mas em menos tempo do que achei que fosse possível, o capô do meu carro estava novamente aberto e o cara da minivan estava dando uma olhada.

Saí do carro e me juntei a eles, afinal, não ia deixar minha mãe sozinha com um estranho. Ele podia ser um maníaco.

— Alguém boicotou vocês — afirmou o homem, que percebi ter um pouco mais de trinta anos. Seus cabelos eram claros na raiz e iam escurecendo até as pontas, ele vestia roupas velhas e não tinha nenhuma marca de expressão no rosto.

— Como assim, quem faria uma coisa dessas? — perguntei, incrédulo.

Por sorte, acho que ele não tinha percebido que eu mesmo tinha cortado os fios, porque falou:

— Algum vândalo. As pessoas nem podem sair de casa para ir ao supermercado que já são fragilizadas desta forma.

Minha mãe concordou em silêncio.

— Onde vocês moram? — ele perguntou. — Posso dar uma carona.

— No cruzamento entre a Jesse Ramsey e a L. Thompson St — falou minha mãe, animada.

Não, eu não podia deixar que ele nos desse carona. Eu já tinha entendido que as linhas do tempo são muito frágeis e já tinha entendido que minha mãe morreu em um acidente de carro, mas não sabia em *qual*. Não podia deixar que entrasse no carro daquele cara.

— Ah, é perto daqui — ele falou. — Posso levar vocês.

Revirei os olhos.

— Não. — Minha voz foi firme. — Não precisamos de carona. Estamos bem. São apenas algumas quadras.

Minha mãe estreitou os olhos para mim, me repreendendo.

— Não tem problema. Eu ficarei feliz em levá-los para casa — disse o homem. — A propósito, meu nome é Lewis.

— É muita gentileza da sua parte, Lewis — minha mãe disse e o cumprimentou.

Olhei para ela alarmado.

— Não precisamos da sua ajuda, *Lewis* — frisei seu nome.

Ele ficou irritado, pude perceber. Devia estar querendo se aproveitar de alguma coisa. Idiota.

— Eu insisto.

Ele não ia fazer com que meus planos dessem errado.

— Não, obrigado, nós já estamos indo — falei, olhando para minha mãe, os olhos faiscando.

Lewis jogou as mãos para cima e fez que sim com a cabeça enquanto voltava para sua minivan. Ele pegou sua maleta de ferramentas murmurando e entrou no carro, batendo a porta com força. Deu a partida e saiu cantando pneus.

Minha mãe me olhou com uma careta de reprovação.

— Por que fez isso? — perguntou, fechando o capô do carro.

— Ele é estranho — soltei.

Ela gargalhou, surpreendendo-me.

— Eu também o achei estranho — disse. — Quem mais usa flanela?

Eu ri.

— Vamos andando, é perto — ela disse.

— E as compras? — indaguei.

— Depois peço para alguém vir buscar.

Ela acionou o alarme do carro e começou a caminhar

para fora do estacionamento. Eu a segui. Não levou muito tempo até chegarmos à nossa casa, no máximo dez minutos. Em todo o percurso, eu olhava alarmado para todos os lados, em busca de algo que pudesse machucar minha mãe.

Acontece que não houve nada que pudesse matá-la e, em pouco tempo, já estávamos dentro de casa. Minha mãe subiu as escadas e tenho certeza de que foi conversar com meu pai. Ele teria que buscar as compras no supermercado e chamar alguém para consertar o estrago que fiz.

Fui até meu quarto e me sentei em uma poltrona cinza, que ficava ao lado da cômoda. Meus pensamentos começaram a fluir.

Eu não queria mesmo ter que fazer outra viagem para salvar meu relacionamento com Liv. Sabia que se consertasse isso, estragaria outra coisa. Eu não queria mais problemas, mas como viveria *sem* Olivia?

Meu celular vibrou. Torci para que fosse ela, mas quando cheguei, percebi que era Ian me ligando.

— Alô? — falei com uma voz de desânimo.

Ian suspirou angustiado do outro lado da linha.

— E aí, cara, tudo bem?

Revirei os olhos, sabendo que não tinha como ele ver.

— Tudo — afirmei. — Quer dizer, não.

Ian gargalhou.

— Eu iria te chamar para sair. Preciso sair de casa hoje. Urgente.

Será que ele não tinha ouvido? Eu não estava bem.

— Por quê? — perguntei diretamente. Eu não queria prolongar a conversa, muito menos sair.

— Aconteceu um imprevisto... — Ian falou, ressentido.

Suspirei.

— Não posso ir. Estou curtindo a minha fossa hoje.

A risada do meu amigo estalou em meus tímpanos.

— É sério, cara, você tem que vir me buscar.

— Por quê? — perguntei novamente.

— Vou te explicar — falou, e eu juro, tenho certeza que ele estava rindo. — É o seguinte:

As próximas palavras de Ian não fizeram muito sentido. Aparentemente, a casa dele estava lotada. A família de sua mãe veio passar alguns dias em Dallas. Ian me contou que eles eram tão chatos a ponto de causar enjoos neles mesmos.

Uma prima que viera junto com a família-chata foi "explorar" a casa. Ela encontrou uma das bombas de fedor que eu e Ian havíamos feito quando tínhamos catorze anos. Eu jurava que tínhamos jogado todas elas no lixo, mas ele *afirmou* que havia guardado uma de recordação.

Como assim?

Então a prima dele pegou a droga da bomba e colocou dentro do micro-ondas. Colocou o aparelho para rodar até completar vinte minutos e saiu para passear pelo parque com a família-chata e a mãe de Ian. Ele estava sozinho em casa, jogando *Clash of Clans* em seu quarto, como sempre, quando — e isso é realmente engraçado — sentiu um cheiro horrível.

— A casa toda está fedendo, Logan — Ian continuou com seu monólogo. — Vem me buscar, por favor!

Mesmo com todos os meus "problemas" — aspas, porque ao olhar de outras pessoas, os meus problemas não eram realmente ruins — não consegui deixar de rir.

— Cara, não ri — disse Ian. — Eu já tentei de tudo.

Já joguei o frasco do perfume francês da minha mãe pela casa inteira e acabei com os dois *Glades*. Logan, para você ter uma noção, eu até acendi *incensos*!

— Onde você conseguiu incensos? — perguntei, ainda rindo.

Tenho certeza de que Ian revirou os olhos nesse momento.

— Isso não interessa. O problema é que eu já queimei tanto incenso que três pessoas vieram aqui em casa perguntar se eu vendia CD de *reggae*.

— Ok, estou indo — cedi.

A casa de Ian não era muito longe da minha, mas precisei pegar o meu carro — já que eu havia destruído o do meus pais — para chegar mais rápido. Não levou mais de quinze minutos até encontrar uma casa estreita, pintada com cores vivas e coberta por arte de rua. A mãe de Ian era *desinger* e adorava toda aquela arte urbana.

Andei até a porta de madeira pintada de um cinza cor de grafite e toquei a campainha. Uma voz ecoou do outro lado da porta:

— Pela última vez: eu não vendo maconha — gritou a voz de Ian. — São só incensos!

Gargalhei.

— Calma, cara, sou eu.

A porta se abriu e Ian apareceu com os olhos arregalados.

— Graças a Deus, Logan!

— Pensei que você fosse ateu — lembrei, rindo.

— Olha, se você entrasse na minha casa nesse exato momento, clamaria até Buda. — Ele deu de ombros.

Assenti, concordando.

— Obrigado por vir me salvar, eu poderia te dar um

abraço agora.

— Passo — disse, mas depois acrescentei: — Qual é dessa de vender maconha?

— É essa droga de incenso. Tem um cheiro estranho.

Não havia outra pessoa neste planeta incrivelmente gigante que se metesse em mais problemas do que Ian.

— Me tira daqui! — Falou ele, erguendo as sobrancelhas.

Acenei com a cabeça em direção ao meu carro e, antes que eu percebesse, Ian estava dentro dele.

Depois de passar quase três horas dentro do meu carro com Ian — tempo o suficiente para a família dele chegar em casa e perceber que, na verdade, o fedor não fora causado por ele — cheguei em casa e fui direto para meu quarto.

Aquelas três horas foram suficientes para decidir o que fazer. Eu não ia ficar parado ali, me lamentando pelas coisas erradas que havia feito.

Andei até minha escrivaninha e rabisquei a data que eu queria. Tateei meus bolsos até encontrar a cartela prateada e destaquei uma das pílulas. Não me toquei sobre o que estava fazendo até perceber aquele clarão horrível.

Mas nada daquilo importava. Mesmo que não conseguisse viver ao lado de Olivia de novo, eu faria aquilo. Não importava. E se não podia dizer a ela que a amava pelo menos uma última vez, eu preferia não dizer *nada*.

E Se...

Porém
31 de julho de 2015

"É, EU SEI QUE VOCÊ SE IMPORTA. EU SEI QUE SEMPRE ESTEVE LÁ, MAS EXISTEM PROBLEMAS ADIANTE. EU POSSO SENTI-LOS. VOCÊ SÓ ESTÁ SALVANDO A SI MESMO QUANDO SE ESCONDE."
(ELLIE GOULDING; TRECHO DE "I KNOW YOU CARE")

Foi como se eu tivesse aterrissado. Senti meus ossos sendo espremidos, meu sangue ferver em minhas veias e meus olhos lacrimejarem. Abri-os e percebi que estava deitado no meio da calçada. Como se eu tivesse caído do céu.

A lua brilhava, roubando toda a atenção para si. Uma brisa leve batia em meu rosto, trazendo o cheiro da noite. Que seja. Levantei-me, passando as mãos pela minha calça social. Dei uma olhada melhor para minhas roupas e reparei que estava vestindo terno e gravata. Assenti para mim mesmo, vim para o dia e a hora que eu queria. Peguei meu celular e o desconectei dos fones de ouvido. Eram 22h48, já devia ter começado. Avistei uma placa enorme dizendo: "Jantar Beneficente a favor do Orfanato Primm".

Passei por baixo da placa e entrei no teatro que, por dentro, era bem chique. As paredes estavam escondidas por papel de parede rendado em um tom de dourado, candelabros de cristal estavam espalhados pelo teto pintado com obras sobre deuses gregos. No lugar da plateia, havia mesas decoradas com vários talheres e pratos de diferentes tamanhos. No meio, havia um vaso simples de cristal decorado com lírios brancos, margaridas e tulipas laranjas. No palco, pesadas cortinas aveludadas davam um ar de sutileza. Um microfone e um pedestal eram os únicos pertences no palco, iluminados por um feixe de luz branca.

O lugar estava repleto de pessoas. É claro que os homens estavam idênticos uns aos outros, assim como eu, vestiam terno ou smoking preto.

Mas, ao contrário de nós, homens, os vestidos das mulheres variavam de uma forma gritante. Porém, havia alguém no meio daquela enorme multidão que se destacava. E não era por causa de um vestido de cor escalafobética, nem por causa de um batom com cor gritante. Olivia usava um vestido preto rodado, sem nenhum bordado, que batia um pouco acima do seu joelho. Seu cabelo estava preso em um coque de lado, deixando os fios de sua franja caírem sobre seus olhos cor de âmbar. E sua pulseira com os pingentes dava um ar de sofisticação ao seu estilo despretensioso.

Por instinto, quis chegar até ela e conversar, rir... Mas eu tinha que pensar antes. Tinha que ter um plano. Tudo indicava que ainda não estávamos separados.

— Que bom que você veio, Logan! — Ouvi a voz de Ian atrás de mim.

Virei-me para olhar nos olhos de meu amigo. Dei um sorriso convincente o bastante para fazê-lo rir, então eu disse:

— É claro que eu viria. O evento foi organizado pela minha mãe.

Ian concordou com a cabeça.

— Eu sei, mas pensei que você só ia voltar ano que

vem.

Limpei a garganta, sem entender.

— Ano que vem? — perguntei. — De onde?

Ian gargalhou.

— Faz um mês que você está morando no Arizona. Onde mais?

Arizona? Por favor.

Estava prestes a discordar quando um *flash* invadiu minha mente. Mas, diferentemente das outras vezes, esse *flash* foi diferente. Não era apenas um momento. Eram *vários* momentos.

Minha mãe com o telefone na mão, eu sozinho dentro de meu quarto. Olheiras embaixo de meus olhos, uma aparência cansada quando me olhava no espelho. Eu embarcando em um avião. Pessoas desconhecidas com sorrisos no rosto, eu abraçado com outra garota em um quarto novo. Estava feliz novamente e sem Olivia.

Quando abri os olhos, Ian me encarava com um sorriso estranho estampado no rosto, como se estivesse falando: "Não se faça de bobo". Então eu pude me lembrar de tudo que se passara nos últimos meses.

Eu fiquei muito triste quando Olivia terminou comigo. Não queria sair do quarto, tudo o que queria fazer era dormir, como se isso me ajudasse a esquecer. Passei três semanas trancafiado dentro de casa, sem sair nem para respirar ar fresco.

Minha mãe ficou muito triste quando percebeu que me encontrava naquele estado. Então ligou para minha tia que morava no Arizona. As duas acharam que seria melhor eu me mudar. Acharam que eu ficaria melhor se não morasse tão perto de Olivia, que eu ficaria melhor se não precisasse me lembrar dela. Então me matricularam em uma escola no Arizona e fizeram-me embarcar no primeiro voo. E o pior é que eu realmente fiquei melhor. Fiz novos amigos e conheci outras garotas. Muito bonitas.

Droga. Eu me mudei para o Arizona. Droga. Eu fiquei com a Bethanny, a líder de torcida da minha nova escola. Droga. Eu fiz novos amigos.

Eu não tinha mais nenhuma chance com Olivia.

— Cara, você está me ouvindo? — perguntou Ian, fazendo-me voltar ao presente.

— Estou — falei entre dentes.

— E então, não vai me dar um abraço? — ele perguntou. — Sei que isso é estranho, mas fiquei com saudades, cara.

Forcei um sorriso enquanto o abraçava. Ele deu dois socos fortes em minhas costas e depois me soltou. Corri os olhos pela multidão mais uma vez, para encontrar Olivia. Não consegui ver nada.

— Você está vendo a Olivia? — perguntei a Ian.

Ele desviou o olhar, tímido, e deu de ombros.

— Eu acabei de vê-la, dois segundos antes de você me encontrar — expliquei a ele.

Meu amigo coçou a cabeça e passou os olhos pela multidão, assim como eu. Vários tons de cor de cabelo. Castanhos, pretos, ruivos, loiros... Mas nenhum tão loiro quanto o de Olivia. Vários estilos de roupas. Ternos, smokings, vestidos sofisticados... Mas nenhum tão simples e tão bonito quanto o de Olivia. Vários tipos de joias. Relógios importados, colares pesados, brincos enormes... Mas nenhuma tão impressionante e tão única quanto a pulseira prateada de Olivia. Vários tipos de rostos, mas nenhum tão lindo quanto o de Olivia.

— Vamos tomar alguma coisa, L. Depois procuramos por Olivia — decidiu Ian. — Ela veio ajudar sua mãe como staff.

Como ele sabia sobre isso? Tentei ignorar tudo o que tinha acabado de descobrir, passando os olhos pela multidão mais uma vez. Até que encontrei um mar de cabelos loiros.

— Tenho que ir falar com ela, Ian — disse, mais por educação.

Ele desviou o olhar mais uma vez.

— Logan, mas... — Ian começou, mas eu o interrompi:

— Não precisa ficar me esperando.

Comecei a andar em direção a Olivia.

— Mas, eu... — tentou novamente, só que não dei ouvidos.

Estava quase a dois metros de distância de Olivia quando meu celular vibra. *iMessage* de Bethanny. Suspirei.

> Oi, amor. Estou c/ sdds!

Que droga, pensei.

Não respondi.

— Logan? — Aquela voz... — O que está fazendo aqui?

Virei meu corpo para ter uma visão melhor de Olivia. Era tão bom vê-la de perto.

— Vim para o evento — falei, sem hesitar.

— É claro que veio. — Deu um pequeno sorriso.

Ela tocou em sua pulseira, como fazia quando não

sabia o que fazer.

— Você está linda, Liv — falei, contemplando-a.

Ela corou.

— Obrigada. Você também não está nada mal — admitiu, dando de ombros e rindo.

Meu celular vibrou mais uma vez. Bethanny de novo.

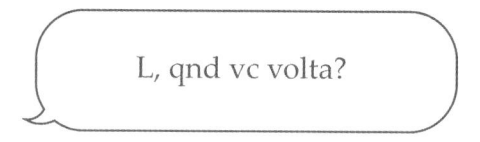

> L, qnd vc volta?

Revirei os olhos, mas ainda não respondi. Por mim, eu não voltaria para o Arizona nunca mais.

— Então, você é staff hoje? — perguntei, por falta de assunto.

Olivia ergueu as mãos e disse:

— Pelo visto, sim. Sua mãe me *convocou*. — Ela apontou em direção ao palco, mostrando minha mãe se posicionando atrás do microfone, o que queria dizer que ela já ia começar com os discursos.

Estava prestes a dizer alguma coisa idiota quando Ian chega e contorna a cintura de Olivia com o braço. Meus olhos se arregalaram.

"Que droga é essa?", eu quis gritar.

Mas, pelo meu bem, forcei meus olhos a desviarem o olhar e meu coração a voltar ao ritmo normal. Por que Ian fez isso? Eles...

— E aí, L?! — falou Ian, como se já não tivéssemos nos falado há menos de cinco minutos.

Forcei um sorriso.

— Vocês estão... — Não consegui completar.

Olivia corou mais uma vez e desviou o olhar. Ian balançou a cabeça e riu.

— Muito engraçado, Logan. Já passamos dessa fase — disse Ian.

Como ele tinha coragem de dizer isso? Como se ele tivesse amadurecido em menos de um mês. Como se *eu* fosse a criança aqui.

Estava prestes a agarrar o pescoço do meu melhor amigo quando outro maldito *flash* invadiu minha cabeça.

— *Você não se importa, de verdade? — perguntou Ian, sentado em minha cama. Estávamos em meu novo quarto no Arizona.*

— *Não, cara, fique tranquilo — assegurei.*

— *É que eu sei sobre tudo o que vocês passaram. Vocês realmente se amavam — ele disse cabisbaixo.*

Gargalhei.

— *É, mas... — tentei. — Olivia terminou comigo e eu finalmente aceitei isso. Estou bem quanto a vocês, espero que sejam felizes.*

Ian deu um pequeno sorriso e me abraçou.

— *Logan, você não sabe o quanto sou grato a você. Você é meu melhor amigo, e eu me sinto horrível em estar namorando a sua ex, mas, mesmo assim, você está de boa — disse ele.*

Dei de ombros.

— *Já passei dessa, cara — falei, seguro. — Tem essa garota, a Bethanny. É muito gata. Qualquer dia podemos marcar alguma coisa — falei, gargalhando.*

Ian me olhou assustado.

— *Talvez.*

— *Mas obrigado por ter vindo até aqui me contar. Você é um bom amigo. E fico feliz que vocês tenham se dado bem — eu disse.*

Ian sorriu de uma forma que eu nunca havia visto antes.
— Ela é demais!
Reviro os olhos.
— Tanto faz.

Ian e Olivia me olharam de um jeito estranho quando abri os olhos. Olivia estava toda vermelha e Ian não soube onde pousar os olhos.

— Tudo bem, cara? — pergunta ele.

Olivia não reagiu.

Meus nervos queriam saltar do meu corpo. Queria bater em quem estivesse em minha frente.

É claro que eu sabia que tinha essa hipótese. Olivia podia estar namorando, e é claro que eu ia fazer de tudo para ficar com ela de novo. Mas nunca pensaria que esse *cara* poderia ser Ian. Meu melhor amigo, o cara que eu considerava ser meu irmão.

Se fosse outro qualquer eu faria de tudo para voltar com Olivia e que se danasse o resto. Quer dizer, eu poderia viajar no tempo, seria muito fácil para mim. Mas, não. Era o Ian. Ele era meu melhor amigo, e eu não podia fazer isso. Não quando conseguia ver em seus olhos a felicidade que sentia quando tocava em Olivia, a *minha* namorada. Não quando podia perceber o jeito que eles se olhavam. Não havia o que fazer.

Meu celular vibrou.

> Pq vc ñ me responde?

Bethanny de novo. Será que ela não desistia nunca?

Mas, naquele momento, era Bethanny ou Ian e Olivia, o novo casal do ano. Revirei os olhos e tentei dar o melhor sorriso que consegui ao olhar para as duas pessoas que estavam em minha frente, olhando-me com aquela cara de paisagem, como se estivessem falando "Desculpe, mas eu o/a amo".

— O que foi, Logan? — perguntou Olivia, finalmente.

Expectativa: *O que foi? Como você pode ter a coragem de me perguntar isso quando está namorando o meu melhor amigo?*

Realidade:

— Nada. É só uma garota. Tenho que atender.

Virei meu corpo, mas ainda conseguia ver o olhar falho de Olivia e o braço de Ian em sua cintura.

Precisava de ar. Não podia ficar ali. Tinha que sair. *Argh!*

Estava pronto para sair quando ouço a voz de minha mãe ecoando pelos alto-falantes do teatro. Não podia ir, tinha que ficar e assistir. Estava tudo errado.

Sentei-me à mesa mais próxima de onde estava. Meus companheiros eram uma mulher de vestido tomara que caia vermelho, um senhor barrigudo de gravata borboleta de bolinhas e outra mulher. Esta última tinha os cabelos curtos e estava usando um vestido de festa roxo, coberto de renda. Tinha estilo. Sua pele era negra e seus olhos muito escuros. Era familiar. Ela olhou fixamente para minha mãe, absorvendo tudo o que ela dizia.

Eu a reconheci. Era Johanna, a mulher baleada daquela noite chuvosa. Ela estava muito melhor. E estava bem. Queria chamá-la e conversar, perguntar se ela se sentia bem, perguntar o que havia acontecido quando a deixamos na ambulância. Mas meu celular vibrou novamente.

Ainda era Bethanny e ela não pararia de me mandar mensagens enquanto eu não respondesse.

> Logan!

>> Oi, B. Olha, eu sei q é estranho, mas qnd ficamos, eu ñ estava bem. Então vamos esquecer.

> O QUÊ? VC FICOU MALUCO? O q tivemos foi especial...

>> Ñ foi, ñ. Olha, eu ñ quero brigar.

> Como assim vc ñ quer brigar? Vc disse q me amava, Logan.

>> Sinto mto Bethanny.

> Logan, calma!

> Não, L, pfvr...

E Se...

— Prezados convidados para o primeiro jantar beneficente a favor do Orfanato Primm, a quem agradeço pela valiosa colaboração — minha mãe disse, colocando as mãos na cintura de seu vestido azul escuro, estava linda. — Sem dúvida teremos uma noite encantadora, cuja finalidade é angariar recursos para um projeto que, desde 2000, está mudando a vida de jovens em situação de risco social por meio de profissionalização e consequente inserção no mercado formal de trabalho e de consumo, bem como do estímulo ao empreendedorismo...

Conseguia ver Ian e Olivia abraçados na primeira mesa, ao lado de meu pai, com um aspecto sofisticado. Havia dois lugares vagos na mesa. Um deles era para a minha mãe e o outro, para mim. Mas é claro que eu não me sentaria com eles.

— Nesses quinze anos de atividades, o Orfanato Primm já profissionalizou mais de vinte e seis mil adolescentes e jovens de extratos sociais menos favorecidos. Pelo menos 70% deles conseguiram seu emprego ou se tornaram empreendedores, contribuindo, assim, para a dinâmica econômica — minha mãe continuou com o discurso. — Porque, além de abrigar, o Orfanato Primm também pensa no futuro. Sabemos que muitas crianças e adolescentes são adotados todos os anos, mas muitos não são, e *esses* acabam sendo dispensados pelos outros orfanatos quando completam a maioridade. E é nisso que o Orfanato Primm pensa. No futuro. Ajudando os adolescentes a se encontrarem profissionalmente, mais para frente, eles já terão seus empregos e serão bem vistos socialmente...

Um garçom passou por nossa mesa. Serviu vinho tinto para a mulher com o vestido tomara que caia vermelho, uísque para o barrigudo com a gravata borboleta de bolinhas e champanhe para Johanna. Quando ele chegou até mim e perguntou qual era minha idade, não hesitei em mentir.

Ele assentiu e perguntou:

— O que o senhor gostaria de beber, Sr. *Moore*?

Pelo menos o garçom sabia o meu nome.

— Vinho, por favor — disse, tentando parecer educado.

Ele não disse nada, apenas encheu minha taça. Dei um gole grande e senti o gosto amargo do vinho...

— Este evento e outras iniciativas permitem alcançar nosso objetivo de incrementar a grade de cursos oferecida, bem como a capacidade de atendimento, uma vez que a demanda é crescente. Isto é ótimo, pois, em essência, o Orfanato Primm forma cidadãos. Todavia, somos obrigados a recusar muitos candidatos, que apresentam um problema legal insuperável: a idade. Afinal, o governo proíbe que menores de 16 anos entrem no mercado formal de trabalho. — Minha mãe limpa a garganta enquanto eu dou mais um gole no vinho. — Infelizmente, vimos a tristeza toldar seus olhos ansiosos quando somos obrigados a dizer "agora não, somente a partir dos 16 anos, pois, diz a lei, criança deve ter o direito à infância, ir à escola e, no período livre, brincar".

Peguei minha taça e me surpreendi quando vi que não havia mais vinho para ser bebido. Olhei em volta à procura de um garçom.

— Eu queria agradecer, Logan — disse Johanna, me tirando do devaneio de ter de achar o garçom.

Olhei para ela. Era a primeira vez que conversamos e um de nós não está sangrando.

— Pelo quê? — perguntei, ignorando o fato de ela ter se lembrado de quem eu era.

— Por você e a sua namorada me terem salvado. Foi muito corajoso da sua parte. Obrigada — disse Johanna, bebericando do seu champanhe.

Um garçom chegou e encheu a minha taça com mais vinho tinto. Não esperei muito tempo para dar outro gole.

— Eu e a Olivia... — comecei, já sentindo uma leve tontura causada pelo vinho — não namoramos.

Johanna estreitou os olhos e disse:

— Eu só vim porque Olivia me convidou e, quando perguntei se o namorado dela estaria aqui, ela me respondeu que sim... Ah, eu sinto muito. Pensei que fosse você.

Forcei um sorriso.

— Não tem problema — falo depois de mais um gole. — Na verdade, o namorado dela está ali. — Apontei a mesa em que os dois estavam sentados. — Ela namora o meu melhor amigo.

Johanna deu de ombros.

— Sou muito mais você. — Depois ri.

Não pude deixar de concordar com ela.

— Queremos habitar o maior número de crianças e adolescentes possível, peço a ajuda e a colaboração de vocês, convidados — minha mãe ainda estava falando. — Assim, em nome dos milhares de jovens do Orfanato Primm, só posso dizer muito obrigada, lembrando que cada oportunidade que se abre é uma porta que se fecha nas ruas.

Uma salva de palmas ecoou pelo teatro, fazendo meus ouvidos tilintarem de dor. Minha mãe sorriu de um jeito gracioso e depois desceu do palco e se sentou com meu pai, Ian e Olivia.

Bebi o resto do vinho que estava em minha taça, já procurando o próximo garçom.

Eu já havia desistido do vinho. Agora bebia uísque, que notei ser muito mais eficiente. Johanna e eu ríamos de tudo. Passei meus olhos pelo teatro e os pousei, pela milésima vez, na mesa onde meus pais estavam sentados. Minha mãe e meu pai estavam em pé, conversando com outro casal e uma pequena fila de pessoas querendo conversar com meus pais já havia começado a se formar. Ian mexia em seu celular e eu não conseguia encontrar Olivia.

— Vou ao banheiro — disse para quem quisesse ouvir.

Levantei-me da cadeira e quase me desequilibrei. Olhei para o vaso de cristal que ficava no centro da mesa, havia tulipas, margaridas e outra flor que não lembrava o nome... Talvez fossem lírios. Curvei-me, peguei uma das margaridas e a coloquei no bolso da frente do paletó do meu terno.

Andei, vacilante, até uma porta, onde havia uma placa com os dizeres: Camarins. Quando a abri, precisei piscar algumas vezes para meus olhos se acostumarem com a falta de luz.

Estava prestes a subir uma escada quando ouvi um suspiro vindo de trás das minhas costas. Olhei para trás e vi Olivia sentada no primeiro degrau de uma das inúmeras escadas do lugar. Ela estava com o rosto apoiado em uma das mãos enquanto olhava para a pulseira de pingentes prateada. Tentei me esconder atrás de um dos cenários, mas foi em vão.

— Eu sei que você está aí, Logan. — Suspirou mais uma vez.

Saí de trás do cenário móvel, ainda cambaleando, tropeçando no vento.

Droga, quanto eu bebi?

— A sua mãe sabe que você está bêbado no evento que ela levou meses para organizar? — perguntou Olivia quando me sentei ao seu lado no degrau da escadaria.

— Eu não estou bêbado — falei com a voz embargada.

É claro que eu não convenceria ninguém com esse jeito de falar e o jeito que eu estava me portando. Dei uma boa olhada no meu terno e percebi que os dois primeiros botões da minha camisa branca de linho estavam abertos, assim como a minha gravata cinza estava frouxa. Com certeza meu cabelo deveria estar um lixo de tão bagunçado, mas eu ainda tinha aquela pequena margarida no bolso da lapela do paletó.

Olivia me olhou com certa curiosidade. Devia estar se perguntando qual bebida me fez ficar assim tão chapado.

— Você ficou bravo quando viu eu e Ian juntos — afirmou ela, fitando sua pulseira.

— É claro que não — respondi, mais rápido do que planejava.

Liv finalmente me encarou com aqueles grandes olhos cor de âmbar e deu um pequeno sorriso.

— Sei — foi o que ela disse, quando pousou a mão em meu peito. Senti meu corpo todo vibrar, mas talvez fosse apenas o uísque.

Ela se aproximou lentamente, meio hesitante, e eu jurava que nossos lábios se encontrariam até ela mover a mão e pegar a margarida sutilmente do meu bolso da frente.

— Eu fiquei a semana toda fazendo os arranjos das mesas com sua mãe para você aparecer não-sei-de-onde e destruí-los? — questionou Olivia com o nariz torcido.

— É só uma flor — falei, revirando os olhos e sentindo o lugar balançar.

Um silêncio ensurdecedor se prolongou entre nós, deixando um vazio desconfortável. Então o quebrei, tentando brincar.

— Eu sei que você sabe que estou chapado, mas tenho certeza que um unicórnio está nos observando — falei estreitando os olhos para poder enxergar melhor.

Olivia olhou para mim com cara de indignação e depois voltou seu olhar para onde eu estava olhando. Era a silhueta de um cavalo com asas.

— Não é um unicórnio, Logan — ela começou, rindo. — Foi usado no recital que fizeram na semana passada. Era algo a ver com a mitologia greg...

— E desde quando unicórnios fazem parte da mitologia grega? — perguntei, interrompendo-a.

Liv revirou os olhos.

— É um cavalo alado.

Não respondi enquanto meu estômago se retorcia dentro de mim,

Olivia observava a margarida com muita atenção. Era sempre assim. Quando ela encontrava algo bonito o bastante para ser reproduzido em suas pinturas, ela observava aquilo como se o mundo fosse *acabar*, caso desviasse o olhar.

Ela deu um longo suspiro e arrancou uma das pétalas da flor.

— Eu sinto falta... — falei. — Sinto falta de quando estávamos juntos.

Ela me olhou com os olhos arregalados, a boca entreaberta numa respiração irregular, assim como estava meu coração. Batendo descontroladamente em meu peito, como ficava sempre que estava no mesmo lugar que Olivia. Tomei a margarida de suas mãos e arranquei outra pétala.

— Bem-me-quer — falei.

— Logan, deixe de ser ridículo — ela resmungou, virando a cabeça para encarar a parede.

— Não estou sendo ridículo — falei, arrancando outra pétala. — Malmequer.

Ela se levantou, parecendo nervosa.

— Você bebeu, Logan. Pare.

Dei de ombros.

— Foi você que me disse para parar de me arrastar por aí, resmungando. — Eu me levantei e me coloquei à sua frente quando tirei mais uma pétala da flor. — Bem-me-quer.

Ela não respondeu, apenas ficou parada. Olhando-me como se eu tivesse sete braços e um bico de pato, em vez do nariz.

— E isso me fez pensar em você e Ian e de como os relacionamentos são como flores. Se você encontrar a semente certa e colocar em um bom solo, regar e deixar no sol... — Mostrei a flor em minha mão. — Flores perfeitas.

Olivia desviou o olhar, seus olhos brilhando.

— Logan, eu...

Não deixei que continuasse.

— Malmequer. — Tirei mais uma pétala, arqueando a sobrancelha. — E aí vem o inverno e as flores morrem. Mas se você cuidar desse jardim, a primavera chega e aquela flor cresce de novo. Bem-me-quer.

— Está me dizendo que quer ser jardineiro? — perguntou ela, tentando disfarçar.

Sorri.

— Estou perguntando como você consegue estar namorando um cara e falar para todos que está feliz quando, na verdade, fica se escondendo de todos no escuro. — Arranquei mais uma pétala. — Malmequer.

— Eu só estava… — Ela vacilou, então respirou fundo e sorriu falsamente. — … Só estava pegando um ar.

Gargalhei, arrancando mais uma pétala.

— Em um lugar fechado? — questionei-a. — Bem-me-quer.

— Do que você está falando? — Ela jogou os braços para o alto. — Que eu não sou feliz?

Estalei a língua, rindo.

— Só para você saber, eu nunca estive mais feliz. Ian me respeita, é atencioso e gentil. Temos um relacionamento sem rótulos, conversas maduras…

Ela estava vermelha, parecia nervosa.

— Então quer dizer que você acredita nesse negócio de relacionamentos sem rótulos e conversas maduras. Sério? — falei retoricamente. — Malmequer.

As nossas respirações estavam pesadas.

— Acha que estou mentindo para você? — perguntou.

— Acho que está mentindo para si mesma. Bem-me-quer.

Olivia engoliu em seco.

— E eu acho que o motivo de você ficar se escondendo no escuro quando tem mais de trezentas pessoas rindo e bebendo na sala ao lado é que não ama realmente seu namorado — falei, quase soando desesperado demais. — Malmequer.

Ela não respondeu. Senti meus pés vacilarem, mas consegui me equilibrar.

— Acho que você está apaixonada por outra pessoa, enquanto mente para si mesma, falando que nutre um relacionamento sem rótulos e com conversas maduras.

Ela riu.

— Quer dizer você? — perguntou com irrelevância.

Quase vacilei com o desprezo que ela usou para enfeitar sua voz.

— Nós dois sabemos como tudo termina. — Dei de ombros. — Eu não sei *como* ou *quando* e não me importo *onde* você está se escondendo ou que idiota está namorando. Você é *minha* namorada. Nós, juntos até o fim. Eu sei disso. E você também sabe.

Eu podia ver as lágrimas nos olhos cor de uísque de Olivia.

— Bem-me-quer — falei, observando a última pétala presa ao miolo amarelo da margarida.

Olivia não sabia onde pousar os olhos, o que me deixou desconfortável, pensando em quão ridículo eu havia sido em falar tudo aquilo. No final, ela continuaria com Ian.

Então ela sorriu e arrancou a última pétala, como se concordasse comigo, como se aceitasse que o que eu estava falando era *verdade*.

Seria essa a hora em que deveríamos nos aproximar lenta e romanticamente. Eu colocaria minhas mãos em torno de sua cintura, ela colocaria uma mão em meu ombro e a outra em torno do meu pescoço, como sempre fazia. Íamos compartilhar do mesmo ar, sorrir timidamente, olhar no fundo dos olhos um do outro e, então, *sentiríamos* o que deveríamos sentir. *Falaríamos* o que deveríamos falar, *faríamos* o que deveríamos fazer. Nós nos beijaríamos devagar e sutilmente para podermos provar o que já não fazíamos há muito tempo, e então aquilo tudo aumentaria. A paixão ardente que tínhamos um pelo outro ia aparecer novamente e não conseguiríamos nos controlar mais. Seríamos apenas eu e Olivia.

Mas não foi isso que aconteceu.

Ao contrário do que imaginei, Olivia chegou mais perto de mim e pegou o cabinho da flor de minhas mãos, a única parte que sobrava da margarida. Então a amassou sem pestanejar.

— O que está fazendo? — perguntei, incrédulo.

— No que você estava pensando, Logan? — disse com os olhos arregalados e com os punhos cerrados. — Que chegaria aqui, se embebedaria e falaria tudo o que gostaria, pensando que depois de tudo eu voltaria correndo para você?

Não consegui responder. Não sabia se era verdade ou não.

— Pensou errado — continuou. — Eu realmente *gosto* do Ian. Ele é bom para mim. Sinto muito se é seu melhor amigo, mas ele me disse que você tinha seguido em frente na nova cidade. E então aconteceu, tudo bem? Agora estou com o Ian e não vou a lugar algum com você.

Pisquei algumas vezes para tentar clarear minha mente.

— Talvez você nem se lembre disto amanhã. E eu juro por Deus que espero que não lembre mesmo, porque eu nunca me imaginei falando algo assim para você.

— E então, por que diabos está falando? — disparei.

Ela olhou para a porta de saída de emergência. Talvez estivesse tramando uma saída rápida.

— Porque você foi o único, Logan. O pior de tudo isso é que você continua *sendo* o único — ela disse, com a voz falhando. — Foi o único para quem eu me abri e, até agora, continua sendo. Eu não sei para quantas garotas depois de mim você falou "eu te amo", mas não sou como você, Logan. Eu realmente amei você, mas você jogou tudo para os ares.

Meu coração gritava: "Vai, diga que ainda a ama, diga que ainda se importa com ela." Mas meu cérebro egoísta contrariava, dizendo: "Pare de se humilhar. Não vê que ela não gosta mais de você?". E é claro que, para mim, a razão é muito mais forte que a emoção.

Olivia mordeu o lábio inferior, como se estivesse pensando no que falaria a seguir. Eu realmente queria que ela não dissesse mais nada.

Respirei fundo.

— Tudo bem — foram minhas sábias palavras.

Liv me olhou com curiosidade. Deveria estar pensando em como eu desisti rápido demais.

— Sinto muito — ela respondeu.

— Estou bem — apressei-me em dizer. — Quer dizer, você que está dizendo que eu estou aqui para roubar você do meu *melhor amigo*… — frisei as palavras *melhor amigo*. — Não, eu não faria isso…

Liv arregalou os olhos. Minhas palavras estavam contrariando tudo o que eu já havia falado naquela noite.

— É que você fez toda essa cena, falando que eu era sua namorada e que eu sabia disso. Achei que…

Forcei uma risada. Não era isso que queria fazer, eu não queria falar que não era por ela que eu estava ali, porque era. Total e exclusivamente. Estava ali por Olivia. Mas ela parecia *tão* feliz.

Eu era um idiota. Nunca conseguiria fazê-la feliz do mesmo jeito que Ian conseguia. Não era mais fácil libertá-la e deixá-la ser feliz?

— Eu só estou bêbado. — Suspirei, cobrindo meu rosto com o braço.

Ela assentiu lentamente. Eu daria tudo para poder ler os seus pensamentos.

— Ótimo.

— Ótimo.

Por que tinha que ser tão difícil?

O que eu faria a seguir seria o certo. Não era o que *queria*, mas era o certo. Olivia estava feliz com o Ian. Ela estava *bem*.

Eu estava fazendo isso por ela.

Ouvi passos no escuro, vindo em nossa direção. E, como se Olivia estivesse lendo meus pensamentos, prestou atenção em cada movimento que minha boca fazia quando eu disse:

— Adeus, Olivia.

Esforcei-me para deixá-la para trás.

O que me matava era saber que ela podia ser feliz com alguém que não fosse eu.

Desistir
28 de setembro de 2015

"Eu quero acreditar em suas mentiras, mesmo sabendo que não são verdades."

(Anjos da Noite)

Saí do carro e bati a porta com força. Não queria admitir que sentia raiva. Entrei pela porta da frente e, como meus pais ainda não tinham chegado do jantar, subi para meu quarto — que, para o Logan do passado, ainda era meu, mas para o Logan do presente era apenas um quarto de hóspedes.

E, como sempre, tudo estava exatamente em perfeita ordem, tudo igual, a não ser pelo guarda-roupa vazio. Não havia mais livros nas prateleiras, a não ser por um atlas antigo. Minha cama estava coberta por um edredon simples.

Não sei explicar como me sinto quando vejo que com um simples gesto posso viajar no tempo e conseguir mudar *tudo*. Posso trazer as pessoas que eu amo de volta à vida, posso mudar o futuro de *outras*.

Mas foi nesse momento que decidi parar. Era tudo muito confuso. Eu devia ter deixado meu pai falando sozinho naquele dia, devia ter subido para meu quarto e ter curtido meu luto. Mas fiz escolhas erradas, eu quis tentar e foi aí que eu me perdi. Perdi-me no tempo.

Tudo parece fácil quando se tem pílulas que são capazes de fazer com que você possa mudar seu destino. Quando algo de ruim acontece... *Ei, não se preocupe, coloque uma dessas pílulas na boca e pense em coisas boas.* Pronto, tudo parece funcionar.

Mas não é assim.

A cada ato que consigo consertar, consigo estragar *dois* outros.

E eu não queria mais. Fiz escolhas das quais não me lembrava, falei com pessoas que não conheci e perdi coisas importantes.

Eu podia deixar tudo como estava naquele momento.

Minha mãe estava viva, meu pai estava feliz, Olivia estava contente com o seu relacionamento "sem rótulos" e Ian... Ele era meu melhor amigo e eu não podia culpá-lo por seguir seu coração, ainda mais quando eu *deixei* isso acontecer.

Eu poderia consertar tudo o que estivesse ao meu alcance sem usar aquelas pílulas. Eu conseguiria mudar tudo o que precisasse e não atingiria as pessoas que gosto.

Sentado na poltrona cinza, eu conseguia ver a noite. A lua estava posicionada bem no meio da janela, como se as suas bordas fossem a moldura de uma tela pintada. Já se passava das 4h da manhã, não havia mais nenhuma casa com as luzes acesas. Havia poucas nuvens no céu azul-escuro, como se estivessem fazendo companhia às estrelas brilhantes da noite, que mais pareciam pinguinhos de tinta branca.

Todas aquelas estrelas, a lua, as nuvens e a janela estavam me incomodando. Tateei meu bolso à procura da cartela prateada. Levantei e andei até a escrivaninha, não havia nenhum objeto a não ser uma caixa de madeira, na qual eu guardava alguns papéis sem importância, mas que agora, estava vazia.

Abri-a e estava prestes a colocar a única cartela prateada que eu tinha quando percebi mais duas delas, guardadas no mesmo lugar.

Assustei-me quando um *flash* apareceu em meu cérebro. Era um daqueles *flashes* sem nexo, com imagens aleatórias, do tipo *ou-você-entende-ou-dane-se*.

Eu estava arrumando as minhas coisas para me mudar para o Arizona, decidido a nunca mais usar as pílulas de viagem no tempo, então guardei duas das cartelas na caixa de madeira, mas não consegui me desfazer da última. A que eu já tinha começado a usar, então levei-a junto comigo. Mas eu não tinha usado nenhuma outra pílula.

E continuaria assim. Nunca mais faria isso, pensei enquanto abria os olhos. Respirei fundo e joguei a minha cartela prateada junto com as novas dentro da caixa. Fechei-a com barulho, mas pude ouvir passos subindo as escadas, em direção aos quartos da casa.

Aquela roupa me sufocava e, por sorte, deu tempo de eu abrir mais dois botões da camisa de linho antes que meu pai abrisse a porta. Ele entrou no quarto e se sentou em minha cama.

— E aí? — questionou.

Dei de ombros. Não queria falar "Ah, sabe o que é? É que eu pisquei e meu melhor amigo estava pegando minha namorada", mas também não queria falar que não era nada.

Meu pai parecia desanimado.

— Percebi que você não se sentou em nossa mesa — falou.

Balancei a cabeça por falta de palavras.

— Vi onde você se sentou — ele continuou. — Quem

são aquelas pessoas?

— A Johanna é legal — disse, suspirando.

Meu pai sorriu.

— É, eu sei que ela é legal. Eu a conheci depois que você e Olivia a salvaram, lembra? — perguntou como se eu me lembrasse daquilo.

Não falei nada.

— E, apesar de tudo, sei por que você não se sentou em nossa mesa marcada e foi embora cedo — disse.

— Por quê? — questionei, estreitando os olhos.

— Porque você acabou de chegar de "uma viagem". — Ele mexeu os dedos em forma de aspas.

— É — falei, revirando os olhos.

Ele engoliu em seco.

— Ficou surpreso quando descobriu que não se importava com o fato de preferir vê-la feliz a ser feliz, não foi? — disse meu pai, referindo-se a Olivia. — Mas nenhuma viagem no tempo faz alguém amar você.

Não queria falar sobre isso, mas me esforcei.

— Fui pego de surpresa — cedi. — Mas, depois de tudo, tomei uma decisão.

Meu pai arregalou os olhos, curioso.

— Qual? — perguntou.

— Não quero mais isso. Não quero mais essas viagens, elas só estão causando mal. E eu não sou bom com as coisas quando não estão como quero. Eu sempre quero mudá-las, sempre quero o melhor para quem gosto, mas no final, tudo muda e eu fico na pior.

— Tudo na vida é temporário, Logan. Então se as coisas estiverem bem, aproveite porque elas não vão durar para sempre, e se as coisas estiverem ruins, não se desespere. Uma hora tudo vai voltar ao normal — falou meu pai.

Arqueei as sobrancelhas, pronto para responder, mas ele continuou:

— O que estou dizendo é que... Bom, você tem duas escolhas. A primeira é que, se quiser, pode esperar e ver o que vai dar com a Liv e Ian. E a segunda é que você pode voltar para o Arizona e curtir a vida. Sabe? Aquela garota nova... Bethanny, não é? Provavelmente o seu eu do presente deve gostar dela. Deixe as coisas como estão, L.

Tentei pensar naquilo. Permitir que Olivia ficasse com *Ian* — coisa que eu já estava decidido a fazer —, voltar para o Arizona e ficar com Bethanny, alguém que eu não conhecia de verdade.

— Tudo o que sei é que não quero mais mexer com essas linhas imaginárias das quais você fala.

Meu pai sorriu.

— Você confia em mim, filho? — ele perguntou.

Não tinha o que mais responder, a não ser:

— Confio.

Ele sorriu mais abertamente. Pensei que fosse me abraçar, já que estava todo emotivo e tudo mais, mas ele só gargalhou e disse:

— Regra número um: nunca confie em ninguém!

Joguei minha cabeça para trás e forcei uma risada. Ele estava sendo compreensivo comigo.

— Estou querendo dizer que, se você quiser parar com essas viagens, pode parar. Você escolhe — ele falou com a voz inalterada de sempre. — Mas, se algum dia quiser voltar com elas, é melhor aprender a usá-las da maneira certa. Para que não se decepcione novamente.

Balancei a cabeça.

— Não quero que nada mais dê errado na minha vida ou na das pessoas de que eu gosto. Sei que isso é bem estranho, pai, mas é verdade. Ainda amo Olivia e é por ela que estou fazendo isso. Ela está feliz com Ian, talvez esteja muito melhor agora do que se estivesse comigo, e eu prefiro vê-la feliz com meu melhor amigo do que *tê-la* infeliz.

— Você está certo, Logan. Estou muito orgulhoso de você — disse meu pai, dando um tapa de leve em meu ombro.

Ele se levantou e andou até a porta, colocou a mão na maçaneta, prestes a abri-la, mas então parou. Ele olhou para mim, os olhos brilhando.

— Fico feliz quando lembro que foi você que usou a minha invenção. — Ele balançou a cabeça, como se estivesse tentando apagar alguma lembrança. — Acho que se eu as tivesse usado, não teria sido tão forte quanto você foi.

Então ele abriu a porta e saiu do quarto.

Sem regras
01 de outubro de 2015

"SE ESQUECER DE ALGUMA COISA FOSSE FÁCIL, NÃO EXISTIRIAM AS LEMBRANÇAS."
(Piper, The Orange is the New Black)

Abri a porta da minha nova/antiga casa — a casa da minha tia Blair, no Arizona — e coloquei a única mala que eu havia levado para Dallas ao lado da porta. Saí de lá decidido. Não viajaria no tempo novamente.

Não porque eu não queria — porque, cara, como eu queria —, mas porque não *podia*. Era uma questão de segurança. Se cumprisse essa promessa eu podia parar — de uma vez por todas — de criar problemas.

— Ah, meu Deus, Logan, você chegou! — gritou a voz da minha tia, partindo do corredor.

O apartamento era pequeno. Da sala de estar dava para ver o resto da casa toda, desde o corredor, a cozinha e até os quartos — dois quartos. O lugar, apesar de ser pequeno, era bem decorado. Havia um sofá de couro cinza escuro encostado na parede coberta por um papel de parede azul com detalhes brancos. Na mesa de centro, havia uma máquina de escrever no estilo *vintage*, o que só provava o quanto minha tia amava escrever.

Minha tia Blair era escritora. Ela amava escrever desde que aprendeu a ler, sempre criava mundos novos e personagens diferentes em seus livros. Não sei quantas vezes tive que ouvir a história de sua carreira.

Seu apartamento era pequeno, mas isso não era motivo para entender que ela não ganhava dinheiro o bastante para bancar viagens em torno do mundo todos os anos. Os seus livros estavam sempre na lista dos mais vendidos na *Times*. Ela decidiu que não queria se casar aos dezesseis anos, quando a carreira dela realmente tornou-se séria.

Ela falava que se casar era perca de tempo e que só traria problemas, como brigas desnecessárias e traições. E eu nunca entendi como ela conseguia escrever romances sem ao menos *gostar* do amor.

Mas mesmo sendo uma pessoa bem estranha por dentro, Blair era bem legal. Era engraçada, carismática e o melhor de tudo, me deixava fazer o que eu quisesse, sem ficar em cima de mim. Não tinha a cabeça fechada.

— Sim, sou eu — gritei de volta.

Consegui ouvir a risada dela ecoando pelo apartamento.

— Ai, L, você é um *velho*! — zombou ela, aparecendo no corredor. Ela sempre ria do meu jeito de falar.

Minha tia se parecia muito com minha mãe, a não ser por algumas diferenças bem pequenas. Tinha o cabelo castanho preso em um coque desleixado, era bem magra, os olhos cor de mel estavam sempre delineados, dando um contraste muito bonito.

Estava vestida com um pijama de ursinhos — mesmo sendo duas da tarde — e carregava um pote de sorvete consigo. Ela enterrou a colher no pote e tomou um pouco de sorvete de chocolate, revirando os olhos.

— Sabe, a melhor parte do meu emprego é que não preciso me arrumar. — Ela riu. — Posso ficar o dia inteiro de pijama e comendo o que eu quiser, *como* eu quiser. Isso é tão bom... — disse, tomando mais um pouco de sorvete.

Blair era jovem o bastante para não gostar de quando eu a chamava de "tia". Era uma pessoa muito boa, sempre querendo ajudar os outros. E, além de todas as coisas que ficavam ao seu favor, ela ainda conseguia ser muito bonita. Sempre despertava olhares admirados de pessoas nas ruas.

— Queria poder escrever igual você — eu disse, rindo. — Quer dizer, quem não sonha com um trabalho onde você pode se empanturrar de sorvete e ficar de pijama o dia todo?

Ela estreitou os olhos.

— Para você saber, eu não fico me empanturrando de sorvete, ok? — Ela tentou esconder o riso e depois levantou o queixo.

Mexi os ombros, rindo. Andei até a geladeira e peguei uma garrafa d'água.

— Escute, L. — Agora ela parecia mais séria.

Olhei pra minha tia perguntando "o que foi?" com os olhos.

— Aquela garota ligou muitas vezes enquanto você esteve na casa dos seus pais — falou minha tia, fingindo indiferença. — Tipo, *muitas* vezes mesmo.

Eu tinha prometido a mim mesmo que tentaria. Eu tinha que pelo menos *tentar* gostar da Bethanny.

— Ah, eu sei. — Balancei a cabeça, tentando parecer despreocupado.

— Você falou com ela? — perguntou Blair, andando até o balcão da cozinha e colocando o pote de sorvete longe de si.

Assenti, mentindo.

— Hmmmm... — murmurou minha tia, querendo mais informações.

Ela estava escrevendo um romance policial, tudo o que fazia era perguntar e perguntar, como se eu fosse um dos seus personagens e tivesse algo a esconder.

— Bom, você vai poder conversar melhor com ela hoje. — Ela deu de ombros. — Da última vez que ligou, eu estava tão cheia daquele telefone tocando que disse que você chegaria hoje. Disse que ela podia dar uma passada aqui, já que eu ia sair à noite.

Eu ia finalmente conhecer a Bethanny.

— Vai sair? — perguntei, para sair do assunto Bethanny.

Blair abriu um sorriso enorme e soltou os cabelos do coque, que caíram por seus ombros, mostrando os cachos leves que se formaram.

— *Yeah*! — ela quase gritou. — Bom, vamos dizer que é uma reunião de negócios.

Estreitei os olhos para ela continuar.

— Sabe aqueles livros, quando dois autores se juntam para escrever? — ela perguntou, como se eu gostasse muito de ler e soubesse dessas coisas. — Pois é. Esses dias atrás um autor, sabe aquele Max Anson? Aquele escritor *super* gato que tem saído em várias revistas? Bem, ele me mandou um e-mail dizendo que queria escrever um livro em parceria comigo e eu aceitei, óbvio. — Ela gargalhou, se perdendo em suas palavras. — Marcamos de nos encontrar hoje para decidir algumas *coisinhas*.

Balancei a cabeça.

— E é por isso que você está toda feliz? Porque vai se encontrar para falar de livros? — perguntei.

Minha tia riu tanto que chegou a ficar vermelha.

— Logan, pelo amor de Deus. Quando o assunto é livro, não tem outro jeito para eu me expressar. Fico feliz mesmo — ela disse rápido. — Mas não é só por isso. É o Max Anson! Um gato. Meu Deus, ele é muito gato.

Levantei as mãos, rindo.

— Ok.

— Talvez se eu tiver sorte... — Ela piscou. — Eu já falei que ele é muito gato?

Gargalhei.

Minha tia sorriu e voltou para o quarto, me deixando sozinho na cozinha com o pote de sorvete, o coloquei de volta no congelador, peguei minha mala na sala e fui para o meu antigo/novo quarto.

Havia vários pôsteres das minhas bandas favoritas na parede azul escura, um tapete preto cobria todo o chão do quarto, havia uma escrivaninha, um guarda-roupa e uma cômoda. Todos de madeira no mesmo tom.

Desfiz minha mala mais rápido do que pensei. E voltei para sala, a tempo de ver um jogo de futebol americano na televisão. O *Dallas Cowboys* estavam ganhando de lavada do *New York Giants*. O jogo acabou e eu voltei ao nada.

Blair passou pela sala segurando uma toalha, então se trancou no banheiro. Devia estar se arrumando para o encontro-barra-reunião-de-negócios.

A tarde passou como um borrão. Não queria que minha tia passasse por mim e me visse plantado no sofá, como alguém que não faz nada da vida. Fiquei tão ocupado, dando a impressão de estar fazendo algo, que o dia ferozmente vazio à frente só me esmagou depois que o vi partir. Só precisei de dois minutos olhando para o telefone para descobrir que não ia ficar parado. Tentei pensar em minhas alternativas.

Não podia ligar para o meu melhor amigo. Ele, provavelmente, deveria estar com Olivia. Não podia ligar para a Olivia, porque ela poderia estar com o meu melhor amigo. Tentei não pensar no assunto. Mas era quase impossível.

"Não é tão ruim! Não é tão ruim!", minha mente tentava me confortar. Era verdade. Não era o fim do mundo. Era só o fim de algo bom que havia acontecido em minha vida.

Não é tão ruim, concordei, *mas é ruim o bastante*.

Pensei que eu e Olivia ficaríamos bem. Pensei que íamos dar um jeito, mas tudo o que estava acontecendo só provava o quanto fui burro a respeito. Olivia já havia me amado, mas a fila andou, agora ela estava com Ian.

O amor não funciona desse jeito, concluí. Depois que você gosta de uma pessoa é impossível ser lógico em relação a ela. Ian era meu amigo, quer estivesse com Olivia ou não. E eu não sabia o que fazer em relação a isso.

Ouvi a porta do quarto da minha tia se abrindo. Os saltos estalavam no piso de madeira, fazendo barulho até chegar à sala de estar.

— Como estou? — perguntou esperançosa.

Dei uma olhada. Os cabelos castanhos estavam lisos, soltos em um turbilhão de escuridão. A maquiagem estava leve, a não ser pelos lábios, que estavam cobertos por batom vermelho. Um colar prateado, que aparentava ser bem pesado, estava em volta de seu pescoço. Estava com um vestido preto básico, ele era justo, mas não muito, e deixava minha tia com um ar de seriedade e sensualidade ao mesmo tempo. Nos pés, um sapato de salto alto na mesma cor do vestido.

Ela estava linda. Como sempre, parecia mais jovem

do que era realmente.

— Muito gata — admiti.

— Perfeito — ela respondeu, sorrindo.

Dei de ombros, tentando parecer educado. Minha tia respirou pesadamente, como se precisasse se preparar psicologicamente para alguma coisa muito importante.

Meia hora depois que Blair saiu de casa para se encontrar com aquele tal de Max Anson, a campainha tocou. Levantei-me do sofá e andei sem vontade alguma até a porta de madeira escura. Colei meu olho direito no olho-mágico e vi uma garota ruiva encostada no batente da porta. Eu soube instantaneamente que aquela era Bethanny.

Era — praticamente — a primeira vez que eu a via. Abri a porta lentamente. Se ela era realmente a minha nova namorada, ela estaria muito brava. E aquelas mensagens que trocamos enquanto eu estava no jantar beneficente não ajudariam em muita coisa.

Bethanny tinha olhos castanhos profundos. Os lábios eram finos e estavam cobertos por uma fina camada de brilho labial, o contorno do rosto — bem branco — era contornado e protuberante. O rosto, emoldurado por longos fios de cabelos ruivos. Não aquele ruivo vermelho, estranho. Era um ruivo da cor do pôr do sol.

Ela era *deslumbrante*. Estava vestindo uma minissaia jeans e uma blusa estilosa com várias camadas leves, na cor branca. Nos pés, uma sapatilha no mesmo tom da blusa, com arabescos dourados. Olhei-a dos pés à cabeça duas vezes. Quando voltei o olhar para seu rosto, ela sorria, estonteante. Não tinha muita maquiagem, só um pouco de rímel — pelo menos era o que eu achava.

— E aí, vai me deixar entrar ou vou ficar mofando aqui fora? — perguntou ela numa voz fina.

Pigarreei.

— C-claro.

Ela piscou e adentrou no apartamento. Sem hesitar. Isso parecia uma característica forte em Bethanny. Ela parecia confiante o tempo todo, sem recair em momento algum.

Ela andou devagar, como se observasse o lugar, até meu quarto. Sem perguntar, sem falar. Ela só andou, então eu a segui. Quando cheguei, ela já estava sentada em minha cama, como se fizesse isso todos os dias.

— Oi — falei, tímido.

— Oi, amor. — Ela sorriu. — Eu estava pensando... É seu último ano na escola. Eu sou líder de torcida e você... Bom, você é você. Acho que podia fazer um teste para tentar entrar no time de futebol.

O quê?

— Não, eu não sou bom com esportes — disse.

Ela gargalhou.

— Mas é claro que você é. Eu já te vi jogando, não é *tão* ruim — disse Bethanny, tirando as sapatilhas brancas.

Revirei os olhos, torcendo para que ela não notasse. Ela falava normalmente, sem nenhuma recaída.

Bethanny se levantou da cama, se colocando em minha frente. Estávamos bem próximos um do outro.

— Eu estava com saudade, L — ela disse, me abraçando, o seu abraço era quente. *Muito* quente. — Senti sua falta, de verdade.

Parecia verdade.

— Eu também senti — falei, tentando não soar como o maior mentiroso do mundo.

Ela sorriu e me fitou com aqueles olhos castanhos bonitos e me deu um beijo. Correspondi da mesma forma que ela, porque Bethanny parecia uma pessoa comum, acima de tudo, e não tinha culpa sobre meus erros. Os lábios dela eram quentes e macios.

Não queria admitir, mas talvez eu tenha gostado de como ela havia me beijado. Sem preliminares.

E, talvez, o fato de Bethanny ser linda tivesse ajudado.

Quando nos separamos, ela questionou:

— Como foi o jantar beneficente da sua mãe?

Sentei-me em cima da escrivaninha, Bethanny se sentou na cama, mas não soltou minha mão nem por um segundo.

— Foi... Legal — disse, sem conseguir esconder quão horrível tinha sido aquele evento.

Bethanny tombou a cabeça para o lado, como se estivesse me avaliando. Talvez ela detectasse mentirosos.

— Olivia estava lá? — ela perguntou de repente, me trazendo de volta para a realidade.

Ela sabia sobre Olivia?

— Estava — falei por fim.

Ela balançou a cabeça, sem saber o que dizer.

— Aconteceu alguma coisa entre... — Ela respirou. —... Vocês?

Sorri da melhor maneira que consegui, para tentar acalmá-la.

— Não — afirmei, talvez aquela fosse a única verdade que eu estava contando.

Bethanny olhou para nossos dedos entrelaçados e sorriu.

— Que bom — garantiu. — Acho que se tivesse acontecido alguma coisa eu...

Não deixei que ela terminasse.

Eu *prometi* que tentaria.

— Não aconteceu *nada* — repeti. — E não vai acontecer.

O sorriso em seu rosto ficou mais forte quando fui dominado pela verdade em minhas palavras.

— É porque... hã... Quer dizer, vocês namoraram e tudo mais. É muito normal esse tipo de coisa acontecer. — Bethanny não sabia onde pousar os olhos.

Apertei meus dedos nos dela e levantei, ficando bem próximo a ela.

— Eu nunca faria isso com você — falei com a voz ensaiada.

E isto era verdade.

Quer dizer, no jantar beneficente eu não sabia que Bethanny era especial, não havia como eu saber. Mas acho que se soubesse... Não tentaria nada com Olivia. Não sou esse tipo de pessoa.

— Obrigada — ela sussurrou, parecendo, pela primeira vez, vulnerável.

Bethanny me abraçou mais uma vez. Eu precisava tentar. Era isso que eu tinha em mente. Eu precisava *tentar*. Tentar esquecer, tentar viver de outra maneira. Pelo meu próprio bem, eu precisava tentar.

Então, quando Bethanny começou a se afastar, segurei seu queixo em meus dedos. Os olhos dela encontraram os meus, pareciam que estavam em chamas. Aproximei-me mais ainda e a beijei, contornando sua cintura com meus braços. Ela colocou as mãos em meu pescoço e ficou brincando com meu cabelo enquanto eu tentava provar o quanto podia melhorar. Não queria provar para ela, mas, sim, para *mim*.

— Logan... — ela murmurou entre o beijo.

A cada segundo o beijo ficava mais forte, mais quente, mais ardente. A cada toque eu sentia a presença de Bethanny ali comigo. Surpreendi-me quando percebi que estava realmente gostando disso, gostando de *estar* com ela.

— L, espere — ela falou baixinho em meu ouvido quando me afastei para respirar.

Olhei para ela espantado.

— Você gosta de mim? — ela perguntou com os olhos brilhando, parecia tímida de repente.

Pensei na pergunta.

Eu gostava dela? Bom, eu sabia que não a *amava*. Mas entendi que gostava dela.

— Gosto.

Ela baixou o olhar para minhas mãos, que ainda estavam em sua cintura.

— Eu também gosto de você. — Sorriu.

Então nos beijamos de novo.

Quando parecia que não podia ficar mais intenso, tudo ficou irascível, cálido. Segurei a bainha da blusa de camadas de Bethanny e a puxei para cima, sem pensar muito. Ela levantou os braços para que a blusa saísse por cima. Estávamos ofegantes.

Afastei-me para respirar e observei o quanto ela era ainda mais linda sem blusa. Bethanny suspirou e puxou minha camiseta para cima também, tirando-a num puxão só. Estávamos sendo imprudentes, não estávamos pensando...

— Acho que não devíamos... — comecei, mas ela me interrompeu com um beijo casto nos lábios.

Seu olhar era malicioso quando encontrou o meu.

— Sempre achamos que vamos ter mais tempo, mas aí o tempo acaba.

Pensei nisso por um segundo antes de beijá-la novamente.

— Sem julgamento — ela murmurou entre nosso beijo. — Sem regras — sussurrou em meu ouvido, o que fez com que todas as partes do meu corpo queimassem.

Eu queria isso. De repente eu não estava mais *tentando*, estava fazendo porque queria. Estava fazendo porque gostava do jeito atrevido de Bethanny e de como nossos corpos ficavam quentes junto um ao outro.

— Só nós — ela disse por final.

E So...

Novembro

GIOVANNA VACCARO

DEZEMBRO

E Se...

Como uma doença
01 de Janeiro de 2016

"Cada segundo é tempo para mudar tudo para sempre."
(Charles Chaplin)

— Feliz Ano Novo! — sussurrei ao ouvido de Bethanny antes de beijá-la, assim como todos os outros da festa estavam fazendo.

Havia se passado, no mínimo, dois segundos desde que o relógio mostrara meia-noite e as pessoas na festa começaram a pular de alegria enquanto abriam garrafas de champanhe e jogavam confetes para todos os lados.

Mais um ano havia se passado e, com ele, as más lembranças. Agora eu estava feliz de verdade. Não viajava no tempo há mais de dois meses, estava namorando uma garota linda — coisa que, a princípio, achei que daria errado, mas percebi o quanto Bethanny era especial e eu gostava de passar meu tempo com ela.

Muitas pessoas fazem promessas no Ano Novo, como se elas pudessem se consertar de uma hora para outra. Assim, sem mais nem menos. É claro que eu não acreditava naquilo. Mas também não precisava me preocupar com promessas, já que eu estava cumprindo a minha.

— Feliz Ano Novo! — respondeu Bethanny para mim, me abraçando.

Uma música agitada começou a tocar e fez com que várias pessoas começassem a dançar. Estávamos na casa dos meus pais, em Dallas, na festa de fim de ano que minha mãe sempre organizava.

A casa estava adornada com luzes brancas bonitas que refletiam nas pessoas com suas roupas brilhantes.

— L, vou ver se sua mãe precisa de ajuda para encontrar o resto dos fogos — falou Bethanny, bebendo o último gole de champanhe em sua taça.

Balancei a cabeça concordando enquanto a via andar em direção à casa.

A voz da Katy Perry invadiu as caixas de som da festa. Outras pessoas que eu não conhecia começaram a me empurrar para ganharem mais espaço para dançar. Não protestei, eu era horrível dançando, então andei para longe deles.

Quando me distanciei o bastante para me sentir seguro das danças-no-estilo-Katy-Perry (que mais se resumia em ficar balançando os braços e pular loucamente perto da piscina), ouvi uma voz.

Estava cansado de ser pego desprevenido. Bastava uma piscadela de olhos que tudo o que eu achava ser real virava faz de conta.

É claro que minha mãe havia convidado Olivia, era como alguém da família. Ela tinha conquistado o amor dos meus pais.

— Logan? — ela chamou, a voz vindo de trás estava vacilante, como se estivesse com medo ou algo parecido.

Virei-me lentamente, temendo que se eu me movesse muito depressa ela desaparecesse. E eu não suportaria vê-la me deixando mais uma vez.

— Olivia... — murmurei seu nome quando meus olhos encontraram os seus.

Ela sorriu, dando de ombros para depois desviar o olhar. Estava vestindo o seu estilo de roupa preferido. Um vestido de pregas rodado branco que batia um pouco acima dos joelhos, acompanhado por sapatos de salto-alto na cor prata.

A pulseira de pingentes ainda estava cobrindo a tatuagem de pássaros pretos em seu pulso, fazendo menção ao delicado colar em seu pescoço. Seu rosto estava brilhando. A princípio, pensei que era o efeito da maquiagem, mas depois percebi que eram marcas de lágrimas.

Estreitei os olhos, pronto para perguntar o que havia acontecido, mas um barulho quase ensurdecedor ricocheteou em nossos ouvidos. Olhei para cima e vi faíscas douradas caindo do céu como anjos incendiados. Fogos de artifício. Olivia pulou de susto quando o fogo foi disparado e veio parar a alguns metros de mim, ficando mais perto.

Agora as faíscas eram vermelhas e refletiam nos cabelos louros de Olivia, deixando-os vivos. Parecia que tudo que nos cercava colaborava para que ela ficasse ainda mais linda do que o normal.

Ficamos apenas nos encarando por um longo tempo. Sem saber o que fazer, até que Olivia rompeu o vazio entre nós. A queima de fogos ainda estava acontecendo, então tivemos que falar um pouco mais alto do que o desejado.

— Tudo bem? — ela perguntou tímida.

Balancei a cabeça, afirmando.

Ela passou as mãos pelo rosto, secando-o.

— O que aconteceu com você? — perguntei.

Olivia forçou uma risada.

— Nada. — Deu de ombros, tentando me convencer.

— Por que estava chorando então? — insisti.

Ela jogou os braços para cima.

— Não é nada.

Aquilo não nos levaria a lugar algum. Eu apenas voltaria a me lembrar de como éramos felizes antes de todas as escolhas erradas que fiz. Era melhor acabar com aquilo logo.

— Tudo bem — falei, virei-me e comecei a andar de volta para a festa.

Ouvi um pigarro na voz de Olivia quando ela começou a falar.

— Me desculpe, Logan. — Agora havia mais lágrimas em seu rosto. — Eu fui uma idiota e só percebi o que tinha feito depois de dias. Não devia tê-lo tratado daquele jeito. É que...

Engoli em seco. Pelo quê, realmente, ela estava se desculpando? Dei de ombros.

— Você não fez nada. Não chore por isso.

Olivia arregalou os olhos.

— Acha que é por isso que estou chorando? — perguntou.

— Pelo que está chorando então? — questionei.

Ela apertou os lábios e começou a mexer em sua pulseira, como sempre fazia quando não sabia o que falar.

— Esqueça — disse, enquanto começava a andar na direção oposta.

Ela estava indo embora de novo.

— Olivia, não... — Corri atrás dela e segurei em seu braço.

Ela me olhou com os olhos alarmados.

— O que foi, por que está fazendo isso? — perguntei.

Ela balançou a cabeça, como se quisesse apagar algo de sua memória.

— É que pensei... — Ela respirava com dificuldade. — Pensei que iria dar tudo certo.

— O que há de errado? — me obriguei a perguntar.

— Você não vê, Logan? Tudo está errado!

Eu ainda a estava segurando pelo braço. Não por medo de ela ir embora, só para poder tocá-la de novo. E parecia que ela não estava se importando com isso, então continuei segurando seu braço, mas de uma forma mais delicada agora.

— Eu cometi um erro — ela falou por final.

— Todos nós cometemos — eu disse, me lembrando de todos os erros que cometi.

— É, só que quando as pessoas erram, elas podem consertar tudo depois. — Arfou Olivia.

— Você não pode? — perguntei.

Ela balançou a cabeça de um modo quase imperceptível.

— Quer saber o que aconteceu comigo? Você. Você aconteceu comigo — ela gritou.

Não entendi. Como era possível eu ter feito algo que pudesse machucá-la? Nem nos víamos mais para que eu pudesse magoá-la. Uma lágrima escorreu pelo rosto de Olivia, o que a fez falar com mais calma.

— Foi um erro dizer aquelas coisas, eu não devia ter... Ter terminado com você, L. — Ela ainda não conseguia respirar direito. — Pensei... Pensei que estava te ajudando, pensei que estava te protegendo. E aí o tempo foi passando e, de uma hora para outra, me vi com Ian e me senti a pior pessoa do mundo. Pensei no quanto você estaria chateado comigo quando descobrisse. Pelo menos ia demorar um pouco até que você descobrisse, já que estava morando em outro lugar.

Ela continuou:

— Quer dizer, eu planejava te contar, mas não naquele momento. Então Ian correu para o Arizona e te contou sobre nós. Quando ele chegou, achei que ia dizer que você quis, sei lá, dar um soco nele por roubar sua ex-namorada. Mas... Não. Ele me disse que você estava ótimo, feliz e *namorando*. Aquilo me pegou de surpresa, mas não me deixei abalar, porque... Bom, porque queria e ainda quero te ver feliz, L. E eu não queria parecer egoísta como estou sendo agora.

Era estranho ouvir a história contada por outra pessoa, mas não a interrompi. Por que diabos ela estaria chorando por conta disto? Pensei que ela estivesse feliz.

— Jurei para mim mesma que tentaria te esquecer e construir um relacionamento com seu amigo. E estava indo tudo bem. Até o jantar beneficente, quando você veio com aquela história de que eu sabia que era sua namorada, de que eu sabia que tínhamos que ficar juntos. Eu realmente acreditei, estava quase cedendo. Mas aí me lembrei de que em outro lugar havia uma garota te esperando e não consegui. Sabe, Logan, às vezes você parece que veio de outro lugar. Age como se não soubesse de nada, age por impulso. E depois de todas aquelas coisas lindas que me falou, você simplesmente se despediu. — Olivia balançava a cabeça e eu quase não entendia mais as palavras ditas, ela falava rápido e soluçava. Percebi que agora eu não estava apenas segurando seu braço, estava a abraçando e ela chorava em meu peito.

— Shhhh! — tentei acalmá-la. — Vai ficar tudo bem.

— Não, não vai. — Ela levantou a cabeça e me lançou um olhar cortante. — Eu te amo, Logan. E me sinto horrível por sentir isso tendo um namorado que não é você. É só que... Quando te vi com aquela... Bethanny. Foi como se alguém estivesse amassando meu coração com as próprias mãos.

Ela me ama.

Olivia ainda me amava. Achei que ela devia me odiar, mas ela me amava. E estava com *ciúmes* de Bethanny. Será que não percebia que eu sentia o mesmo? Era ela quem estava em meus braços, não Bethanny.

— Ei — sussurrei.

Ela negou com a cabeça e enterrou o rosto ainda mais fundo em meu peito, me fazendo curvar-me para observá-la. Não resisti ao impulso de beijar o alto de sua cabeça. Senti a respiração de Olivia parar.

— Não faça isso. — Seus olhos eram suplicantes agora. — Por favor, não faça isso.

Olhei com dúvida para ela.

— Se você me beijar agora e depois for embora... — Soluçou. — Não sei o que vou fazer, Logan.

Ela tinha que saber.

— Minha intenção nunca foi ir embora, Liv — sussurrei.

Olivia sorriu.

— Eu sei — falou. — Você foi embora por minha causa.

Ela me conhecia como ninguém. Era Olivia, o amor da minha vida.

— Mas estou aqui agora — falei. — Então não chore, por favor — pedi.

Olivia mordeu o lábio inferior e pousou sua cabeça em meu peito novamente. Mesmo de salto-alto, eu ainda era muito mais alto que ela.

— Não dá — ela sussurrou. — Você tem namorada, Logan, não posso pedir que escolha entre mim e ela.

Como era possível ela não entender que era a pessoa mais importante da minha vida? Eu faria tudo por ela.

— Eu ainda escolheria você, mesmo com todas as opções do planeta — sussurrei de volta.

Olivia chorou mais ainda em meu peito. Parecia que nunca iria parar.

— Isto está errado. — Ela chorou.

— Tudo parece errado quando *não* estamos juntos, Liv — falei, sem rodeios.

Fitei-a, ela parecia realmente triste.

— E Bethanny... E Ian? — perguntou.

— Vamos dar um jeito. Nós sempre damos um jeito.

Olivia se endireitou e enxugou as lágrimas. Por um momento fiquei triste por não poder tê-la em meus braços de novo. A respiração dela ainda estava entrecortada.

— Não entendo. — Não consegui me conter. — Pensei que você gostasse de Ian.

E ali estavam as lágrimas querendo sair dos olhos de Olivia de novo.

— Não iria funcionar com ele porque eu amo você. Estou apaixonada por você. E você está por mim. É como uma doença. Como se eu estivesse infectada por você. Não consigo pensar em ninguém nem em nada. Não consigo dormir, não consigo respirar nem comer. Eu amo você. Amo você o tempo todo. Cada minuto de cada dia eu amo você! — Olivia se enrolou com as palavras, agora chorava de novo.

Era verdade, ela me amava. Pensei que minha vida seria monótona para sempre, mas não. Ali estava Olivia, dizendo que me amava.

Ficaríamos bem.

— Eu te amo, Olivia — sussurrei me aproximando de novo e abraçando-a. — Temos um passado, mas... Eu quero um futuro com você.

Olivia riu.

— Aí estão as frases perfeitas de que senti saudade. — Abraçou-me.

Abraçar Olivia era como ter um infinito de possibilidades. Estávamos quentes, considerando o vento frio que nos cercava. Algumas faíscas de fogos de artifício ainda caíam do céu. Enquanto eu a abraçava, parecia que tudo voltava ao normal, tudo se encaixava novamente.

Inclinei minha cabeça, estávamos muito próximos, eu podia sentir seu cheiro... Olivia sacudiu a cabeça, negando o nosso quase beijo.

— Não podemos nos beijar — ela disse. — Logan, você... Você aceitou minhas desculpas fácil demais!

— Eu que peço desculpas, Liv, eu a fiz terminar comigo.

As lágrimas estavam ali ainda...

— Estou falando que... Se você conhecesse a pessoa que me tornei enquanto não estava com você... Você não me perdoaria.

Eu não acreditava que Olivia podia se tornar um monstro. Ela era a melhor pessoa do mundo.

— Não me importo com o que você acha que se tornou. Eu te amo. — falei. E não esperei mais.

Puxei Olivia com tanta força que foi como se nossos corpos se fundissem quando nos encontramos. Nossos lábios se encontraram e de novo a sensação de conforto, segurança e... Tudo o que há de melhor nesse mundo. Começou com um beijo moderado, casto. Só para depois o desejo nos consumir. Ter Olivia novamente me causou arrepios.

Beijei seu pescoço, sua testa, suas bochechas, seu queixo. Queria aproveitar tudo o que não pude ter nos últimos meses. Olivia correspondia ao beijo na mesma intensidade. No começo, parecia tímida, mas depois se entregou da melhor maneira possível.

Agora ela embaraçava as mãos em meus cabelos, bagunçando-os. Estávamos quentes, tudo parecia calmo. Naquele momento não havia certo ou errado, só eu e Olivia. Os barulhos dos fogos cessaram, as pessoas pararam de dançar, o mundo parou de girar. Éramos só eu e ela. Nada além disso.

Apertei sua cintura enquanto Olivia arranhava minha nuca. Estávamos conectados de tal maneira que não percebemos quando começou a chover. Não nos afastamos para observar a chuva, continuamos a nos beijar na mesma intensidade de antes. A chuva fez com que meus olhos ardessem, mas continuei. Não ia deixar que uma chuvinha de nada me separasse de Olivia.

Nem o tempo nos separava. O que tínhamos era verdadeiro, puro, *simples*. Era amor de verdade. Algo que não dava para contar ou medir, era o que era e ninguém — nem nós mesmos — podia mudar.

Olivia tremeu de frio. Quando me afastei e a fitei, uma fúria ardente tomava conta de seus olhos. Ela se aproximou de novo e nos beijamos. A cada segundo que se passava, uma explosão de sentimentos me invadia.

Depois do que pareceram horas, nos afastamos, ofegantes e com sorrisos enormes em nossos rostos.

— Devemos voltar — ela falou, tomando fôlego.

Assenti.

Ela se desvencilhou de meus braços e caminhou na

direção oposta da que eu viera. Em outro momento, eu poderia pensar que ela estava indo embora, mas sabia que não seria bem assim desta vez.

Já passava das 4h da manhã e a chuva havia cessado. Havia pessoas literalmente *jogadas* no chão de tão bêbadas. Eu estava cansado, então decidi procurar por Bethanny. Teria que conversar com ela sobre nós, já que agora eu estava bem com Olivia. Não queria pensar que simplesmente usei Bethanny para esquecer Olivia, porque não havia usado. Eu realmente gostava dela, mas amava Olivia e não podia simplesmente ignorar os fatos.

Vi meu pai se aproximar de mim.

— Curtindo a festa? — perguntou, quando chegou perto o bastante para que eu pudesse ouvir. — Feliz Ano Novo!

Sorri.

— Estou — afirmei. — Não sei como minha mãe arruma tanto tempo para organizar essas festas. Jantares beneficentes, festa de fim de ano, Halloween, festivais...

Meu pai me olhou encabulado.

— Pensei que você gostasse...

— Não, eu gosto, não foi isso que eu quis dizer — apressei-me em explicar. — Só estava brincando.

Ele riu.

— Estou ligado.

Gargalhei com o que meu pai falou.

— Hum, eu tenho que procurar por Bethanny. Não a vejo desde que os fogos começaram. — Porque nesse momento eu estava beijando Olivia, lembrei.

— Eu a vi subir as escadas. Ela murmurou alguma coisa, dizendo que estava exausta. Acho que está dormindo — disse meu pai. — É melhor você ir dormir também, tenho certeza de que ela vai querer conhecer a cidade.

Fiz que sim com a cabeça e comecei a andar em direção à casa. Eu precisava falar com Bethanny. É ruim quando você tem algo muito importante para dizer, mas não sabe por onde começar. E era exatamente assim que eu me sentia.

Tomei coragem e subi as escadas que levavam para o andar de cima. Estava mais quente do que imaginei, o que me fez tirar o casaco. Olhei em volta, procurando por Bethanny. Passei pelo quarto de hóspedes — onde ela estava hospedada há menos de um dia —, mas ela não estava lá. Então, fui até meu quarto.

Quando abri a porta, fui tomado pela imagem de Bethanny dormindo em minha cama. Coberta com um edredom até o pescoço, tinha uma expressão serena e calma. Como se não houvesse nenhum problema que pudesse perturbar seu sono. E isso me deixou estranhamente feliz. Eu não queria acordá-la. Era muito cedo. Agora, o relógio mostrava 4h30min da manhã.

Olhei-me no espelho e notei as olheiras, precisava dormir. Fiquei tentado a me deitar na cama, mas não queria estragar o sono leve de Bethanny, então peguei tudo o que precisava e andei em direção ao quarto de hóspedes, no final do corredor.

Deitei-me na cama e só então percebi quão cansado estava. Fechei os olhos e fui tomado por uma onda de sono. Meus sonhos foram calmos e violentos ao mesmo tempo. Foram *flashes* de lembranças aleatórias mais uma vez.

Estou no Arizona. Minha tia está namorando de verdade agora. Com aquele escritor. Max. Ela chega em casa. Transborda alegria. Bethanny está sempre ao meu lado, sussurrando em meu ouvido e fazendo cócegas quando assopra seu hálito gelado no lóbulo da minha orelha. Estamos felizes. O telefone toca. É a minha mãe. Ela diz que fará uma festa de final de ano e que está convidando todos para irem até Dallas. Bethanny fica animada ao meu lado. Tia Blair murmura desculpas e fala que tem muito trabalho e outros planos com a família de Max, mas afirma que eu e Bethanny não deixaremos de ir. Bethanny diz que me ama.

Acordo num sobressalto. Não foi um pesadelo, mas foi como se fosse. Olho para o relógio da mesa de cabeceira ao lado. São 10h32min. Bethanny me ama e eu não sinto o mesmo. Ela realmente gosta muito de mim e eu não precisei de mais do que duas trocas de olhares com Olivia para fazer meu coração bater mais rápido outra vez.

Eu podia ficar anos e anos longe, décadas até, mas sempre, quando olhasse uma única vez para o rosto perfeito de Olivia, tudo se ascenderia de novo dentro de mim. Era como o magnetismo, como imãs. Como se fôssemos atraídos um pelo outro. Era como a gravidade. Mas isto não significa que eu devia ser um completo imbecil em relação a Bethanny. Ela era uma boa pessoa, gostava muito de mim. E, no entanto, eu a decepcionaria como ninguém jamais a decepcionou.

Eu não era *irrelevante* na vida de Bethanny. Ela havia dito que me *amava*. Mas Olivia também dissera isso. Não queria magoar ninguém, mas sabia que se mentisse seria pior ainda. Eu não tinha outra escolha, senão fazer o que era *certo*. E o certo era contar a verdade para Bethanny. Ela merecia isso.

Levantei-me da cama e cambaleei até o banheiro. Tomei um banho rápido e coloquei a roupa que estava mais fácil de pegar em minha mala.

A porta do meu quarto se abriu e uma garota de cabelos ruivos e grandes olhos apareceu. Os cantos de seus lábios se curvaram para cima, quando disse:

— Bom dia, amor. — E me deu um beijo na bochecha antes de passar correndo em direção ao banheiro, mas antes de bater a porta, ela se virou e gritou: — Vou tomar banho e depois você vai me levar para conhecer a cidade, não é?

Sem saber o que fazer, balancei a cabeça, confirmando.

Demorou uma hora até que ela finalmente descesse as escadas.

— Estou pronta — disse alegremente.

— Vamos comer primeiro, depois podemos sair.

Ela sorriu e me seguiu até a cozinha. Não havia ninguém ali, só uma imensa bagunça. Estreitei os olhos para a pilha de louça suja na pia, como se ela pudesse se limpar magicamente. Olhei em volta e notei que a casa inteira estava naquela situação. A festa de ontem iria render um bom serviço para quem fosse limpar.

— Acho melhor comermos fora... — comecei, enquanto Bethanny já estava aquiescendo.

Levamos menos de dez minutos até chegar a um café. Havia pequenas mesas redondas embaixo de uma grande tenda branca do lado de fora do lugar, cada uma delas estava contornada por dois bancos altos. No meio da pequena mesa, um vaso de vidro transparente estava decorado com delicadas margaridas e lavandas.

Um garçom veio trazer os cardápios e depois se retirou sutilmente, murmurando um "bom dia" sem graça.

— O que há de errado, L? — perguntou Bethanny, parecendo preocupada.

Desviei o olhar. Ainda não estava preparado para contar. Forcei um sorriso e me escondi atrás do cardápio.

— Acho que vou pedir uma omelete, e você? — falei, pedindo a Deus para que ela não insistisse no assunto.

Ela semicerrou os olhos, mas voltou o olhar para o cardápio.

— Quero... Hã, panquecas.

Balancei a cabeça, concordando.

— Não vai me contar o que está acontecendo? — ela quis saber.

Neguei com a cabeça.

— Não é nada — falei o mais rápido que pude. — Estou com fome. Nossa, será que esse garçom vai demorar muito?

Bethanny bufou, estava prestes a falar mais alguma coisa quando o garçom de cabelo arrumado parou em nossa mesa.

— Já decidiram o que vão pedir? — perguntou ele.

Pedi os pratos da maneira mais enrolada e demorada que pude. O garçom parecia entediado e Bethanny batucava com os dedos na mesa de madeira.

— Acho que é só isso — falei relutante para ele.

O garçom pareceu se animar de repente, como se não aguentasse mais ficar esperando. Bethanny me olhou, ainda hesitante e confusa.

— Logan, se você não começar a falar, eu juro que saio andando e não volto mais... — ela disse alto.

Isso, realmente, nos pouparia de muita coisa.

— Não quero falar agora, Bethanny. Meu Deus, ainda nem comemos o café da manhã. Isso pode esperar.

— É algo ruim? — Ela baixou o olhar.

Droga!

— Depende do ponto de vista — objetei.

O garçom trouxe a comida e só então percebi que estava morrendo de fome. O cheiro era maravilhoso. Bethanny olhou para as suas panquecas e comeu um pedaço pequeno.

— Não estou mais com fome — se explicou.

Eu tinha que falar. *Anda logo, Logan, não seja covarde.* Por um momento, eu quis que não tivesse encontrado Olívia ontem. Só vê-la por meia hora foi o bastante para o curso da minha vida mudar mais uma vez. Era imprevisível. Eu precisava contar a verdade.

— Existe uma garota que eu... Amo. Queria muito que fosse você, mas não é. — Deixei as palavras saírem livremente.

— Olívia — ela concluiu num sussurro para si mesma.

— É — foi o que eu consegui dizer.

Bethanny me fitou com os olhos lacrimejantes.

— Por favor, não chore, por favor — pedi.

Ela corou e depois fechou os olhos com força, parecia que estava desejando algo.

— Gosto de você, Bethanny, mas não é o bastante.

Ela pigarreou.

— Eu sei, L. Confio o bastante em você para saber que o que está falando é verdade. — As mãos dela tremiam. — Eu já sabia.

Estreitei os olhos. *Como?*

— Eu vi vocês ontem. Se beijando — ela respondeu ao meu pensamento.

— Ah.

— É. Eu realmente queria que você não tivesse me contado. Aí poderia fingir que não vi aquilo e nós seguiríamos com nossas vidas normalmente. Juntos — disse ela. — Você foi sincero. Isso é bom. Obrigada.

Não sabia o que falar.

— Sinto muito. Desculpe-me, por favor, hã... Não era minha intenção.

— Eu sei que não era — falou. — O que vocês têm... É algo que *nunca* teríamos juntos, Logan. Eu só tenho medo por você.

— Por que tem medo por mim? — perguntei, tentando soar delicado.

— Espero que vocês tenham tomado a decisão certa.

Era verdade. Havia Ian. O que aconteceria com *ele*? Olivia ia conseguir fazer com ele o mesmo que eu estava fazendo com Bethanny? Ela *precisava* conseguir. Eu amava Olivia, mas não queria deixar Ian infeliz. Ele ainda era meu melhor amigo.

— Espero que sim — falei depois de um tempo.

— Vou sentir sua falta, L.

— Eu sei, também sentirei a sua.

Bethanny se levantou, as panquecas ainda intactas. Tinha a graça de uma dama, leve como uma pluma.

— Não, por favor, você não precisa ir embora. Pelo menos coma antes.

Ela não podia ir embora agora.

— É melhor assim. Obrigada por ter sido franco comigo. Espero que vocês sejam muito felizes. — Agora ela já estava a alguns passos da mesa.

Franzi o cenho.

— Desculpe — sussurrei.

Bethanny começou a andar mais rápido na direção oposta, mas parou no meio do trajeto e olhou para mim uma última vez.

— Obrigada por todos os momentos — falou ela e depois retomou o caminho, andando rápido demais e deixando-me sozinho, pensando em quão idiota eu era.

Andei no piloto automático até a casa cor de grafite de Ian. Ele abriu a porta com um meio sorriso sem graça. Quando me viu, baixou o olhar para seus sapatos e murmurou algo que não pude entender. Soube instantaneamente que Olivia já tinha contado a ele. Ela quis ser rápida como eu fui. Tipo quando você se machuca e cola um Band-Aid na ferida, mas depois fica com receio de tirá-lo porque sabe que vai doer, porém, o arranca de uma vez para a dor ser amenizada pelo choque.

Meu melhor amigo não sabia onde pousar os olhos e, assim como eu, estava desconfortável com a minha presença em sua casa. No entanto, mesmo com aquela cara-de-nada, ele disse:

— Oi, L.

Sorri ao ouvir meu apelido.

— Oi, Ian.

Ele sorriu sem ânimo, como se fosse obrigado a fazer aquilo.

Pensei em entrar e conversar com mais calma, mas, como se estivesse lendo os meus pensamentos, Ian se posicionou e impediu a minha passagem pela porta.

— Bom, eu vim aqui para me desculpar — falei sem rodeios. Ian me olhou com irrelevância.

— Você ainda a ama, não é? — perguntou.

— Não consigo imaginar um dia em que eu não a amarei — contei a verdade.

— Eu te entendo — respondeu ele, me fazendo parecer a pior pessoa do mundo.

— Cara, não quero que fiquemos distantes um do outro. Você é meu irmão, meu melhor amigo.

— É, eu sei — falou cabisbaixo. — Sei que não posso ser um babaca neste momento. Sei que não posso me impedir de aceitar o que vocês dois sentem, mas... É bem difícil.

— Eu sei — murmurei.

— Não quero surtar, porque quando isso aconteceu comigo, você não surtou.

Lembrei-me do jantar beneficente, onde eu *realmente* soube do namoro de Ian e Olivia. Eu quis socar a cara dele, mas em meu *flash* de lembrança, eu parecia bem.

— Me desculpe por isso — falei de novo.

— Não importa mais.

— É claro que importa — disparei.

— Ela não é um troféu, L — ele disse baixinho. — Ela fez as próprias escolhas. Meio que não somos nós quem escolhemos, tudo gira em torno da decisão dela.

Balancei a cabeça.

— Isso é injusto.

— Eu que o diga.

Ficamos sem ter o que falar por um tempo, apenas nos olhando e enfrentando aquele momento constrangedor.

— Mas quero que continuemos amigos, cara. Sério — falei, por fim, os olhos fitando o chão com medo da reação de Ian.

Ele sacudiu as mãos e assentiu, meio que se despedindo. Estava chateado. Ian deu um passo para dentro da casa e girou a maçaneta em sua mão, parecia impaciente.

— Eu só preciso de alguns dias — falou.

Ele bateu a porta na minha cara e me deixou plantado na varanda. Depois de algum tempo parado, resolvi voltar para o carro. Cinco minutos atrás, o sol ardia tão fortemente que nem o ar-condicionado do carro podia amenizar o calor, mas agora o céu estava repleto de nuvens da cor de chumbo, sem vida e sem cor, como estava meu senso de humor.

Liguei o carro. Não queria voltar para casa. Provavelmente Bethanny ainda estaria lá e eu não a faria passar por aquele momento desconfortável novamente. Seria tão constrangedor para ela quanto foi para Ian. Então andei sem rumo por um tempo, sem perceber para onde estava me direcionando.

A chuva começou a cair e tive que ligar os limpadores para enxergar as ruas. De repente, me dei conta de que o dia passou rápido demais e eu nem notei. O relógio marcava 18h44min. Fiquei evitando minha casa, meus pais, Bethanny, Olivia… Eu precisava enfrentar meus problemas. Não podia ficar fugindo de tudo.

Dirigi em direção à minha casa, mas o trânsito dificultou todo o processo. A chuva estava muito mais forte agora e um acidente atrapalhava o movimento dos carros na rua.

O congestionamento durou muito mais tempo do que eu estava disposto a esperar. Meu celular estava sem sinal, então liguei o rádio e sintonizei em uma estação qualquer. Não aguentava mais o barulho das gotas de chuva ricocheteando na lataria do carro.

Levei um susto quando Olivia abriu a porta e se sentou no banco do passageiro.

— Que chuva horrível é essa? — gritou ela, fechando a porta.

Um sorriso enorme brotou em seu rosto quando notou a minha cara de indignação. Ela estava encharcada, o cabelo pingava e as roupas estavam grudadas no corpo. No entanto, continuava linda.

— O que você estava fazendo nessa chuva? — perguntei, preocupado. — Vai ficar doente!

— Eu tenho imunidade alta — rebateu ela, rindo. — Graças a Deus que vi seu carro, sabe-se lá quando eu ia conseguir voltar para casa.

Dirigi o meio metro que restava entre o meu carro e o carro da frente, depois parei.

— Ah! — ela gemeu quando olhou para o que tinha nas mãos. Era uma tela de pintura em branco e estava tão molhada quanto Olivia.

— Parece que está tendo um tornado lá fora e você estava andando a pé? — perguntei, ainda incrédulo com seu estado.

— Não queria voltar para casa — se explicou. — Depois do almoço fui até a casa de Ian.

Aquilo já dizia tudo. Ela não precisava explicar mais nada. Assim como eu, Olivia estava evitando os problemas.

— E depois que me senti mal o bastante, fui comprar esta tela porque talvez eu pudesse usar o que estou sentindo para pintar alguma coisa boa.

Olivia notou minha expressão atordoada e perguntou:

— Você não está fazendo essa cara-de-nada só porque estou molhando o seu carro, não é?

Eu ri.

— Não.

— Tudo bem? — ela perguntou depois de um minuto em silêncio.

Afirmei com a cabeça, os olhos fitando a chuva do lado de fora.

Olivia mudou a estação de rádio e a voz de Ellie Goulding ecoou pelas caixas de som do carro. Ela começou a cantarolar com a música enquanto ligava o ar-condicionado e posicionava a tela de pintura na frente, para que o vento pudesse secá-la.

A chuva se intensificou mais ainda do lado de fora. Galhos de árvores voavam e batiam na lataria do carro, um pedestre que estava tentando atravessar a rua não conseguia segurar a capa de chuva amarela.

Levaria um bom tempo até conseguirmos voltar para casa.

Por mais que eu quisesse ouvir Liv cantando *Beating Heart*, sintonizei o rádio em uma estação de notícias. Nunca vi uma chuva tão forte assim, era capaz de o carro sair voando por aí a qualquer segundo.

— Essa chuva, com certeza, vai entrar para a história de Dallas — disse a voz vindo das caixas de som.

Olivia revirou os olhos e reclamou:

— Vamos ouvir música.

— Um minuto — pedi, olhando para ela.

— Para quem está dirigindo... Bom, recomendamos que saiam dos carros e procurem por abrigos — falou o radialista.

— Droga — murmurei.

Olivia se remexeu ao meu lado.

— Procurar por abrigo?

Aumentei a velocidade dos limpadores para enxergar melhor. A rua já não tinha tantos carros, agora estava quase deserta. Éramos nós e mais uns três. Meu celular tocou.

— Alô? — atendi.

— L, você não vai voltar para casa? — perguntou a voz de minha mãe.

— Não sei, mãe. Acho que...

A ligação estava com interferência por causa da chuva, mas consegui ouvir quando minha mãe passou o telefone para meu pai.

— Acabei de ver na televisão, Logan. Já está tarde, a chuva está muito forte — concluiu ele. — Onde você está?

Ao meu lado, Olivia trincou os dentes e reprimiu um suspiro.

— Estou no carro — falei. — Com Olivia.

Houve um momento de hesitação da parte de meu pai na ligação.

— Hã... — ele tentou. — Tudo bem. Então é melhor vocês não ficarem aí.

Pelo canto dos olhos, observei Olivia passando as mãos pelos braços descobertos. Ainda estava muito molhada, seus lábios estavam começando a ficar azuis. Estava tremendo. Estiquei-me e desliguei o ar-condicionado, só para ligar o aquecedor.

Tudo o que ela conseguiu fazer em resposta foi piscar algumas vezes.

— Vocês não podem ficar parados aí enquanto a chuva cai — bufou meu pai do outro lado da linha.

Suspirei.

— O que vamos fazer então? — questionei.

— Onde, exatamente, vocês estão? — repetiu ele. — Têm que encontrar um lugar seguro. As casas estão sem energia, as ruas ficarão alagadas...

Eu podia ouvir os dentes de Olivia batendo, ela estava congelando. Olhei pela janela além de Liv e tentei identificar a rua em que estávamos. A chuva atrapalhava a minha visão, o vidro estava embaçado, mas eu sabia onde estava. Meu antigo colégio não ficava muito longe dali.

— Logan, você está me ouvindo? — disse a voz de meu pai.

— Estou — assegurei-o.

— Acabaram de avisar que há grandes chances de um tornado atingir a cidade. É perigoso ficar no carro, encontrem um lugar seguro agora! — mandou ele.

Um tornado?

— Eu... — comecei, olhando para Olivia, como ia protegê-la de um tornado? — Como vou encontrar um lugar seguro? A chuva não deixa ver nada.

— Saiam do... car... Nã.. — A ligação ficou péssima de repente. — ...dem fi.. sozin... ...livia.

— O quê? — perguntei, forçando o celular mais fortemente em meu ouvido. — Pai, a ligação está sendo cortada.

— O Sinal ... stá baix... — tentou ele mais uma vez. — Protej...-se, Lo...gan.

A ligação caiu.

Olhei para Olivia, temendo que ela estivesse congelada.

— Você está com os lábios azuis, Liv.

Ela forçou um sorriso que não deu muito certo, então desistiu e falou tremendo:

— Esto-tou be-em.

Precisávamos sair do carro e procurar por um lugar seguro, mesmo que, naquele momento, meu carro parecesse o lugar mais seguro. Mas se saíssemos, Olivia ficaria num estado pior do que o de agora.

— Liv... — chamei e, quando ela me olhou, completei: — Não podemos ficar dentro do carro. Meu pai disse que há chances de um tornado atingir a cidade. Não podemos ficar dentro o carro.

Mesmo tremendo de frio, Olivia ainda parecia forte.

— Vam-mos s-sair da-daqui então. — Ela tremeu, os olhos fitando a chuva que caía intensamente do lado de fora.

Suspirei enquanto me aproximava dela. Ela veio ao meu encontro quando eu abri meus braços. O ar quente não estava ajudando, ela precisava de calor humano. Olivia posicionou a cabeça em meu peito e eu afaguei suas bochechas geladas. Seu cabelo já não estava mais pingando, mas ainda estava úmido.

— Você não disse que tinha imunidade alta? — sussurrei.

Ela tremeu em meus braços, tentando esbanjar um sorriso.

— Talvez eu tenha me enganado.

Não queria parecer desesperado pelo fato de um tornado estar vindo em nossa direção, mas a visão que eu tinha do lado de fora do carro não contribuía para o meu estado. Uma árvore acabara de ser derrubada e fizera um barulho horroroso.

— Precisamos sair daqui — falei alarmado.

Olivia me olhou com um olhar cético.

— Para onde va-vamos? — perguntou ela.

— A escola fica aqui perto — falei.

A cabeça de Olivia se moveu em meu peito.

— Tudo bem — sussurrou.

— Vamos precisar andar. — Cerrei os punhos, não queria que ela passasse mais frio do que já estava passando.

— Eu sei — murmurou ela.

Desvencilhei-me de Olivia e abri a porta enquanto ela fazia o mesmo. Do lado de fora, a chuva parecia ainda mais assustadora. Folhas voavam e batiam em nossos rostos. Corri para o lado de Liv e percebi que ela arfava de frio. Estava vestindo short jeans e uma camiseta fina de alças. Precisávamos andar rápido, não queria que ela ficasse ainda pior.

Andamos por alguns minutos, a chuva caía e, a cada gota, um novo tremor percorria nossos corpos. Eu podia ver o medo nos olhos de Olivia e isso era pior do que saber que um tornado estava vindo em nossa direção.

Entrelacei meus dedos nos dela e os segurei fortemente.

Parecia que já haviam se passado horas quando finalmente viramos na esquina da rua. A árvore que havia caído antes estava parada em nossa frente e não havia outro jeito de passar por ela a não ser que pulássemos. Olivia passou por cima da grande árvore primeiro, mas não tirei minha mão da dela nem por um milésimo de segundo.

Ela tossia sem parar. Corremos na chuva até alcançarmos uma tenda de uma loja de departamentos. Respiramos por alguns segundos e tentamos desacelerar os nossos corações, mas eu não aguentava ver Olivia tremendo daquele jeito. Se dentro do carro ela já estava com a temperatura baixa, eu não queria nem imaginar como estaria agora.

Eu conseguia ver a escola a poucos metros de distância.

— Agora vamos correr — gritei o mais alto que pude. — No três a gente corre.

Olivia assentiu freneticamente com a cabeça.

— Um, dois, três... — contei, os olhos em Olivia. — Agora!

Corremos o mais rápido que pudemos. A chuva fazia meus olhos arderem e eu consegui perder a conta de quantos galhos haviam batido em minha cabeça quando consegui ver o prédio da escola com mais nitidez.

O vento ricocheteava em nossas roupas, mas a chuva não deixava que ele as secasse. Corremos por mais alguns minutos e entramos na área da escola. Uma pequena pedra atingiu meu olho direito e deixou minha visão mais embaçada ainda, posicionei uma das mãos na frente deste olho, no intuito de impedir que mais alguma coisa o atingisse.

Não percebi quando Olivia soltou minha outra mão e tropeçou em um dos galhos no chão. Ela se levantou quase que imediatamente e colocou sua mão na minha mais uma vez. Meus ouvidos estavam zumbindo quando ficamos em frente à porta principal da escola.

Tínhamos que encontrar um jeito de entrar.

— E ago-ora-ra? — gaguejou Olivia, passando a mão que estava livre pelos braços.

— Temos que descobrir uma maneira de entrar. — Arfei.

A chuva ainda caía, mas estávamos cobertos pelo teto suspenso que decorava a porta de entrada, o que, para falar a verdade, não ajudou muito. As gotas de chuva caíam em diagonal e a noite tinha chegado, deixando tudo mais escuro.

Comecei a percorrer os olhos pela extensão da escola, procurando por alguma porta de emergência ou uma janela aberta. Meu olho direito ainda estava lacrimejando por causa da pedra que o acertou, pisquei para clarear a visão naquele breu escuro e, quando abri os olhos, consegui ver luzes de emergência acesas. As luzes de emergência de *dentro* da escola.

— Como você abriu a porta? — perguntei a Olivia.

Ela me olhou, orgulhosa do próprio trabalho.

— Só em-pu-purrei a po-porta.

Entrei na escola junto com Olivia. A energia tinha acabado na maior parte da cidade, então não havia muita iluminação a não ser, é claro, pelo fraco brilho fluorescente das luzes de emergência que ficavam penduradas nas paredes laterais. O largo corredor se estendeu à nossa frente e, naquela escuridão, parecia que não havia fim para aquilo.

Olivia espirrou, tossiu e suspirou. Tudo ao mesmo tempo.

— Precisamos te aquecer, Liv — falei, afagando suas bochechas molhadas e afastando uma mecha de cabelo molhado de sua testa.

Segurei suas mãos e percebi que havia um hematoma vermelho, que logo ficaria roxo. Olhei mais atentamente procurando por mais machucados que a tempestade poderia ter causado. Não vi nada de mais até meus olhos passarem por seu joelho esquerdo. A pele havia sido arrancada e o sangue ainda estava escorrendo, o deixando em carne viva.

— N-Não — ela contra-atacou. — Só pre-precisamos esperar a chuva-va passar.

Até parece...

— Você tem roupas no vestiário de educação física? — perguntei, preocupado. — Você precisa trocar de roupa, aí vou te ajudar a limpar esse machucado em seu joelho.

Ela não respondeu, parecendo muito mais confiante do que realmente estava. Quando ela finalmente notou o machucado sua expressão mudou para uma careta de dor, como se ainda não a tivesse sentido. Mas, mesmo assim, ela ainda negou com a cabeça.

— É claro que tem — falei impaciente, revirando os olhos.

Puxei Olivia pelo braço até o vestiário feminino. Ela caminhou hesitante pelos corredores escuros até chegar ao local. Quando chegamos, ela não discutiu, apenas entrou no vestiário e desapareceu nas sombras. Um segundo depois, voltou.

— Não consigo enxergar.

Não deveria ter luzes de emergência nos vestiários, então entrei junto com ela e liguei a lanterna do meu celular. Olivia andou rápido até seu armário e o abriu. Pegou uma muda de roupas e uma toalha.

— Vão vir nos buscar, não vão? — ela perguntou.

— Acho que não — falei a verdade. — É muito perigoso sair agora, então, presumindo que o tornado já tenha chegado e acabado pela manhã, eles virão.

Ela balançou a cabeça, insegura.

— Minha tia não sabe onde estou — disse ela.

— Tenho certeza de que minha mãe vai avisá-la —

assegurei-a.

Ficamos nos encarando por cerca de dois segundos, mas pareceram horas.

— Você vai precisar se virar para eu me trocar — ela alertou, me olhando com o primeiro sorriso desde que entramos na escola.

Virei-me sem discutir. Ouvi quando ela fechou o armário e tirou uma peça de roupa do corpo, ela a jogou no chão, fazendo com que eu ouvisse o barulho de algo encharcado caindo. Depois consegui escutá-la enxugando o corpo com a toalha de banho.

Tentei me livrar dos meus pensamentos estranhos, fechando os olhos. Suspirei. Meu olho ainda estava doendo.

— Pronto — falou a voz de Olivia vindo de trás de mim.

Virei-me e a encarei. Ela estava vestindo um short de malha azul e uma camiseta sem estampa branca. Ela ainda passaria frio. Acho que percebeu minha reação quanto à roupa, porque um segundo depois, Olivia tentou se explicar:

— Eu uso esse tipo de roupa na educação física. — Deu de ombros.

— Você ainda vai ficar com frio, Liv — concluí, preocupado.

— Relaxa, L. — Ela riu, se aproximando. — Já estou melhor. Até estou conseguindo falar uma palavra inteira.

Sorri, tentando me tranquilizar.

— Você também precisa trocar de roupa. Está todo molhado — disse Olivia, tocando em minha camiseta.

— Eu tô legal — afirmei.

Olivia balançou a cabeça negativamente. E como se

fosse para me provocar, ela fez o mesmo que fiz com ela. Pegou em minha mão e me conduziu até o vestiário ao lado.

— Esqueceu que eu não sou mais dessa escola? Não tenho roupas aqui — falei, me lembrando de que minhas roupas para educação física estavam no meu vestiário no Arizona.

— Não tem problema. — Ela riu, pegando o celular de minhas mãos e apontando a lanterna em minha direção.

A luz branca me cegou por um minuto, até eu ouvir o arfar de Olivia.

— Ah, meu Deus, Logan! — exclamou ela — Você também está sangrando.

Ela tocou em minha sobrancelha e eu me contraí. Deve ter sido a pedra, pensei. Não devia ser muito sério, apenas um arranhão, mas isso me fez lembrar de que Olivia ainda estava com o joelho machucado, de quando tropeçou no galho.

— Nem estou sentindo.

Liv suspirou pesadamente e tirou a mão de meu rosto por um momento. Ela se afastou alguns metros e levou o celular junto, me deixando no escuro. Ouvi o barulho de um armário de metal sendo aberto.

— Aqui. Você tem que trocar essas roupas molhadas. Você ainda está pingando — disse ela, me entregando uma muda de roupas que eu não reconhecia e uma toalha.

— De quem são essas roupas? — perguntei. — E como você conseguiu abrir o armário sem a chave do cadeado?

Olivia sorriu.

— Essa semana houve um problema com os cadeados. Alguma coisa a ver com um garoto novo. Ele bateu em outro cara com o cadeado na mão. O diretor ficou tão bravo que aboliu os cadeados do vestiário masculino — explicou ela. — E quanto às roupas... Não sei de quem são, mas vão ter que servir. Você não pode ficar neste estado a noite toda.

Peguei as roupas. Sem hesitar, tirei minha camiseta preta e a deixei cair no chão, fazendo o mesmo barulho estranho de quando uma coisa molhada cai. Consegui ouvir a respiração de Olivia ficar mais acelerada e descompassada no escuro. Vesti a camiseta do time de futebol americano da escola. Abri o zíper de minha calça e estava prestes a tirar quando a luz da lanterna se apagou.

— O que foi?

— Eu desliguei. Pode tirar a calça agora, seu descarado.

Dei de ombros e troquei minha calça molhada pela de moletom que os jogadores de futebol usavam para fazer a academia nos treinos. Pude ouvir uma risadinha vindo de Olivia.

— Pode ligar agora — falei.

A luz voltou e tive que piscar algumas vezes para me acostumar com a claridade. O cabelo de Olivia ainda parecia úmido, mas logo mais estaria totalmente seco. Então tive uma ideia.

Andei até o armário que Olivia tinha aberto e observei quais outros itens havia ali: um pente de cabelo, um desodorante e uma jaqueta do time de futebol. Peguei o pente e entreguei a Olivia, ela abriu um sorriso enorme e começou a pentear os cabelos loiros no mesmo instante. De seguida, dei a jaqueta para ela, que a vestiu no mesmo segundo, abrindo um sorriso no rosto.

— Obrigada — sussurrou, se enterrando na jaqueta.

Peguei o celular das mãos dela e vasculhei o vestiário em busca de algo que pudesse ajudar a limpar o seu machucado. Não sei se eu estava sendo muito bom em "procurar abrigo" ou se estava com muita sorte, porque encontrei uma caixa de primeiros-socorros perto da mesa do treinador de futebol.

Sentei-me no banco de madeira comprido, que ia de ponta a ponta do vestiário e depois Olivia fez o mesmo.

— Preciso ver seu machucado — disse-lhe.

Ela colocou a perna em cima da minha para que eu pudesse ver os hematomas e o machucado mais feio. Não era um corte profundo, como eu tinha imaginado, ela havia apenas ralado o joelho no chão. Encontrei gaze e um frasco de remédios para limpar feridas. Limpei o machucado com o remédio, usando algodões. Olivia gemeu.

— Arde. — Ela trincou os dentes.

— Eu sei. Desculpe.

Limpei o que faltava da ferida o mais rápido que consegui, depois cobri com gaze. Coloquei a perna de Olivia no chão com cuidado. Ao me levantar, agarrou a camiseta que eu estava vestindo e me fez sentar novamente. Agora era ela quem estava com a caixa de primeiros-socorros no colo.

Olivia usou o mesmo remédio que eu usei em seu joelho para limpar o machucado perto da minha sobrancelha, que eu ainda não tinha visto. Respirei fundo quando o algodão tocou em minha ferida aberta. Ardia mesmo. Depois de dois minutos, Liv cobriu meu machucado com um Band-Aid.

Levantei-me do banco e Olivia veio logo atrás. Ainda podíamos ouvir a chuva caindo do lado de fora da escola. Os galhos de árvores batiam nas janelas de vidro, fazendo um barulho que faria qualquer um pensar duas vezes antes de sair de casa e não conferir se haveria um tornado durante o dia ou não.

O relógio marcava 20h27min. O que faríamos o resto da noite sem energia? Ah. Meu. Deus. Arregalei os olhos e sorri, tendo uma ideia.

— O que foi, L? — perguntou Liv, percebendo minha reação.

— Tive uma ideia — expliquei, pegando em sua mão e a fazendo andar rápido comigo.

Estávamos no mesmo corredor largo mais uma vez. Passei pelas salas vazias e subi as escadas que levariam até os laboratórios. Havia placas identificando cada sala. Laboratório de ciências, Laboratório de biologia, Laboratório de química e, finalmente, Laboratório de física.

Abri a porta com o baque surdo e fiz com que Olivia entrasse primeiro.

— O que você quer fazer no laboratório de física? Você nem gosta de física. — Suspirou Olivia.

— Vou *fazer* energia — falei.

Ela me olhou com cara de "o-que-você-pensa-que-está-falando?".

— Se tem uma coisa que aprendi vendo meu pai ser esse cientista maluco que é, foi a fazer energia — expliquei. — Todas as outras coisas legais que ele faz, eu não consegui aprender, claro, mas graças a Deus, aprendi a fazer isso.

— Não vai me dizer que você... — ela começou a supor.

— Sim, um gerador de energia caseiro.

Ela me olhou encantada — pelo menos eu achei que era encanto.

— Tudo bem, do que você precisa? — perguntou ela.

Pensei por um momento, tentando me lembrar dos... hã, ingredientes?

— Um motor de impressora, uma correia, uma extensão quebrada, um cooler de computador e... Deixa eu pensar... Ah, sim, parafusos.

Olivia, de olhos arregalados, falou:

— Tudo bem. Onde eu vou encontrar um motor de impressora?

Franzi os lábios, pensando se valia a pena quebrar uma impressora para fazer isso. Quer dizer, podia não funcionar. Mas eu preferia correr o risco.

Fui até o computador do laboratório. Papéis estavam espalhados por cima da impressora preta. Olivia posicionou a lanterna do meu celular por cima do meu ombro. Tirei os papéis de cima da impressora e a desconectei da tomada. Peguei-a e a levei até a mesa central do laboratório.

Foi fácil abri-la. A impressora era moderna, então não havia muitos orifícios que dificultassem meu trabalho. Tirei a tampa da máquina e encontrei o sistema central. Abri uma das gavetas da mesa e encontrei ferramentas. Com a chave de fenda, consegui desprender o motor da impressora da máquina. *Fácil*.

— Ok, agora uma correia... — pensei em voz alta.

Onde eu encontraria uma correia?

— Eu sei onde tem uma! — disse Olivia, animada.

Estava prestes a perguntar sobre a correia quando ela saiu correndo do laboratório e me deixou no escuro mais uma vez. Depois de dois minutos voltou, trazendo a luz e uma gaiola com um hamster.

— No semestre passado, o nosso professor de biologia queria testar o metabolismo ou sei lá o quê desse hamster — começou ela. — Aí ele colocou o coitado para correr em uma esteira.

Olivia colocou a gaiola em cima da mesa e olhou para mim, esperançosa. É claro! Havia uma correia na esteira de correr. Liv abriu a gaiola e tirou a esteira de dentro, colocando-a em minha frente. Usei a mesma chave de fenda para retirar os parafusos que prendiam a correia no lugar.

Depois que já tinha a correia, eu e Olivia fomos para a sala de computação. Precisávamos do cooler de um computador e da extensão quebrada. Por sorte, não iríamos precisar desmontar um dos computadores para conseguir o que queríamos. Reviramos as gavetas da sala em busca do cooler. Encontramos a extensão, o cooler e um cabo USB depois de cinco minutos.

De volta ao laboratório de física, eu tinha tudo de que precisava. Agora teria que começar a montar. Encontrei um pedaço de madeira perto da janela do laboratório e decidi que iria usar como base.

Prendi o cooler de computador na madeira e conectei com um dos fios da extensão a um projetor de tela. Na gaveta da mesa, havia uma manivela, que decidi que viraria a fonte de energia do gerador. Encaixei tudo no seu devido lugar e aparafusei o que deu.

Olivia ainda estava revirando todas as gavetas da mesa, ela arfou de repente e quase gritou:

— Olha o que eu achei!

Ela estava segurando uma lanterna (de verdade) azul, sua luz era muito mais forte e clara do que a lanterna do meu celular. Olivia tirou o celular de minhas mãos e o substituiu pela lanterna acesa, o que me ajudou a dar os toques finais no gerador.

— Já volto! — ouvi a voz dela dizer.

Pouco tempo depois ela já tinha voltado e trazido consigo muitas coisas. Duas grandes almofadas amarelas, duas latas de refrigerante, chocolates, balas e salgadinhos.

— Onde você arrumou tudo isso? — perguntei, com um sorriso embasbacado.

— As almofadas eu peguei na sala de televisão do andar de baixo — explicou. — E o lado bom de estarmos sozinhos na escola é que não precisamos pagar pelas comidas pegas no refeitório.

Sorri quando ela colocou tudo em cima da mesa, ao lado do gerador finalizado.

— Já está pronto? — perguntou.

Assenti.

— É claro que isso não vai gerar muita energia — me desculpei com Olivia. Se ela pensava que eu ia conseguir fabricar energia para o prédio todo, estava enganada. — Só vou conseguir ligar *um* aparelho elétrico e acho que se desligarmos, não vamos conseguir fazer de novo. Então vamos ter que pensar bastante no que vamos querer ligar.

Olivia franziu o cenho.

— Eu voto pelo projetor de tela — disse ela. — Além de já estar conectado com o gerador, vai fazer com que não fiquemos dependendo só dessas lanternas e ainda podemos, sei lá, conectar com o seu celular.

Concordei com a cabeça e liguei o gerador ao projetor de tela. Posicionei o projetor para que ele se direcionasse para a parede do computador. Conectei o cabo USB no meu celular e comecei a girar a manivela do cooler no sentido anti-horário.

— Será que vai funcionar? — perguntou Olivia.

— Espero que sim — murmurei.

Neste instante, a correia caiu da base e se enroscou no cooler. Ouvimos um estalar quando os dois entraram em conflito. Levei cinco minutos para desenroscar a correia do cooler e colocá-la de volta em seu lugar.

Comecei a girar a manivela mais uma vez. Girei sem parar por dois minutos até que houve um brilho percorrendo de dentro do projetor até a parede. Era uma luz fraca, então girei a manivela por mais alguns segundos até a luz ficar clara o bastante e, finalmente, o projetor ligou.

— Não acredito! — exclamou Olivia, sorrindo.

Na verdade, nem eu estava acreditando. Havia conseguido criar energia manual o suficiente para ligar um projetor de tela.

Queria ver a cara de meu pai agora.

Parei de girar a manivela e apertei um dos botões do projetor, então peguei meu celular e entrei no Google. No mesmo instante, a tela do meu celular apareceu na parede, sendo refletida pelo projetor.

— O que você quer ver? — perguntei para Olivia. — Não temos muito sinal, então não vai ser uma coisa muito legal, como assistir *Netflix*, mas é melhor do que nada, não é?

— É claro que é — ela disse, ainda rindo. — Ainda não entendi como você conseguiu fazer isso.

— Foi uma das poucas coisas que aprendi com meu pai — expliquei.

Ela balançou a cabeça e olhou para a parede com a imagem principal do Google.

— Estrelas — sussurrou.

— O quê? — perguntei, querendo saber se ela tinha dito isso mesmo.

— Quero ver estrelas — repetiu.

— Estrelas?

— Estrelas.

— Tudo bem. Então serão estrelas.

Digitei *"Estrelas. Gif"* na barra de pesquisa do Google e toquei em *imagens*. Uma centena de *gifs* de estrelas apareceram na parede branca do laboratório de física. Escolhi uma paisagem de pinheiros altos em uma colina. Grandes constelações brilhavam e giravam em torno da imagem.

Olivia apoiou as duas almofadas amarelas no pé da mesa central e se sentou no chão de ladrilhos brancos. Sentei-me ao seu lado e esperei. Ela fitava as estrelas na parede e elas refletiam em seu rosto.

— A vida é uma droga! — disse ela, ainda olhando fixamente para as estrelas.

Olho para Olivia, curioso, aquiescendo.

— Fica melhor — respondi. — E, então, volta a ser uma droga.

Ela me olhou e sorriu.

— Por que a vida é uma droga? — perguntei.

Olivia deu de ombros.

— É só uma dedução — falou. — Às vezes, não importa o quanto você queira ajudar alguém, você simplesmente não consegue.

— Quem você tentou ajudar? — disse, me apoiando na almofada.

— Eu gosto de ajudar as pessoas, você sabe, me sinto bem quando eu as ajudo — começou. — Tentei ajudar o.... Ian.

O nome do meu melhor amigo — que neste momento devia estar tramando planos para me matar — se destacou no meio da frase.

— Quando você foi embora, eu me senti péssima. Eu que provoquei aquilo tudo. Ian não tinha mais tantos amigos, a não ser eu. E, aos poucos, ele foi se aproximando e sendo gentil. — Parecia que Olivia queria provar algo. — Não lembro muito bem, mas um dia estávamos conversando. Acho que ele estava falando de amor, que era um sentimento bom. Eu discordei, é claro.

— Por que você discordou? — perguntei encabulado.

— O amor é uma coisa fria e terrível. Praticada por todos. Ele vai pegar seu coração e te deixar sangrando no chão. E o que você ganha com isso? Nada além de lembranças incríveis das quais você não consegue se livrar.

Eu entendia o que ela queria dizer. *Passamos* por isso.

— É claro que o amor só se torna essa coisa horrível se você não fizer a coisa direito. Há a pessoa certa, que vai fazer você parar de pensar no amor como o vilão do filme. Essa pessoa vai te fazer pensar como o Ian.

Olivia bufou.

— Expliquei isso ao Ian. E acho que ele decidiu que ia provar para mim o ponto de vista que *ele* tinha sobre o amor. — Revirou os olhos. — Disse que eu estaria me ajudando e o ajudando ao mesmo tempo, se quisesse. Não hesitei, apenas cedi, porque não ia fazer diferença. Você estava longe, com outra pessoa... — Agora ela se referia a mim. — Mas não importa mais. Agora resolvemos tudo. Contamos a eles.

Então ela parou de falar e mexeu nos pingentes de sua pulseira. Olhou para mim, com os olhos marejados de lágrimas.

— Você não pode chorar de novo — falei, passando as costas de minha mão em sua bochecha. — Por favor.

— Não vou chorar. — Ela forçou um sorriso. — É

só que... Mesmo com Ian, ainda era muito difícil não te ter comigo. Acho que me acostumei mal. Durante o dia, quando as pessoas podiam me ver, tudo parecia fácil, mas à noite, quando ficava sozinha... Era horrível.

Era quase reconfortante saber que eu não estivera sozinho neste tempo todo. Enquanto pensava que Olivia estava bem e feliz com Ian, na verdade, ela estava sentindo o mesmo que eu. Sofrendo por cada minuto em que não estávamos juntos.

Aproximei-me dela e contornei seus ombros com meu braço esquerdo, ela apoiou a cabeça em meu peito. Sua respiração estava calma e por um segundo pensei que ela havia dormido.

— Não ouviu as mensagens que eu deixei? — perguntou de repente.

Eu me lembro das mensagens. Havia noites em que não conseguia dormir e, de repente, como se ela soubesse que eu estava acordado, uma mensagem de voz chegava. Não foram muitas. No máximo três.

Nunca as ouvi. Com medo de que se ouvisse alguma, tudo voltaria ao caos. Eu tinha certeza de que se as ouvisse, ia querer voltar para Dallas e voltar no tempo. Tudo para ganhar o amor de Olivia, pelo menos uma única vez. No entanto, agora eu havia voltado para Dallas e uma frase dita na voz de Olivia foi o bastante para querermos mudar o curso de nossas vidas e enfrentar tudo pelo que nós tínhamos.

— Não ouviu que eu estava desmoronando sem você? — A voz de Olivia me trouxe de volta à realidade.

Era isso que as mensagens falavam? Ela havia me mandado mensagens no meio da madrugada, dizendo que sentia minha falta e que estava *desmoronando* sem mim? Lembro-me de que toda vez que recebia uma delas, eu apagava, com medo de fazer alguma besteira.

Olivia se remexeu em meu peito. Ergueu a cabeça e me fitou com aqueles olhos cor de âmbar, um sentimento de curiosidade cruzou seu olhar e então eles se tornaram opacos, entendendo a situação.

— Você *nunca* as ouviu... — sussurrou Olivia, tirando os braços de mim e se afastando.

— Me desculpe — falei. — Eu tive medo. Não ouvi nenhuma das mensagens porque achei que você estivesse feliz e eu não queria estragar a sua vida como já havia feito antes.

— Você *nunca* estragou um dia sequer da minha vida, quanto mais ela inteira — murmurou Liv, com o rosto entre as mãos.

— Se te serve de consolo — tentei recomeçar —, eu estava desmoronando também. A cada dia que se passava, um pedaço em mim morria.

Olivia me olhou novamente com os olhos marejados.

— Você não podia estar desmoronando por *mim*. Há pessoas boas neste mundo, pessoas muito boas. No entanto, você estava sentindo a *minha* falta.

— Eu senti a sua falta. Mais do que consigo colocar em palavras — expliquei, tocando em seu braço.

— Porque você me ama — deduziu ela.

— Sim, porque eu amo você — afirmei. — Sempre amei.

Vi os olhos de Olivia passarem de marejados para duros e depois para marejados novamente.

— Ame outra pessoa — ela falou, balançando a cabeça.

Não consegui conter a risada diante da ideia de Olivia. *Como se isso fosse possível...*

— Eu me apaixonei por você desde o primeiro momento em que te vi naquele beco escuro.

Olivia torceu a ponta dos cabelos nos dedos.

— Mas você não deveria me amar — choramingou ela

Não encontrei outra coisa para falar a não ser:

— Por quê?

— Porque as pessoas acham que sou.... do bem — explicou ela. — Mas, na verdade, eu não sou a mocinha da história, sou a vilã.

Como ela podia se enxergar desta maneira quando eu só conseguia ver bondade irradiando pelo corpo e pela mente dela?

— Por que acha isso? — perguntei, arqueando as sobrancelhas.

— É obvio demais, Logan — disse ela, dando de ombros. Ainda estava distanciada de mim.

— Não para mim.

— O meu coração... Ele não é bom. Eu quero ajudar as pessoas porque, talvez, isso amenize o que sinto em relação a mim. E então eu não consigo, *magoo* as pessoas. É como se o universo estivesse me dando um soco na cara enquanto diz: "Desista, você nunca será melhor do que é."

— Sempre há pessoas que querem que você desista. Não facilite o trabalho delas, meu amor — falei da forma mais afetuosa que pude. — Mesmo que essa pessoa seja o universo te dando um soco na cara.

Olivia não conseguiu reprimir o sorriso.

— Você me chamou de *meu amor*.

Dei de ombros, sorrindo. Não havia outro vocativo que pudesse descrevê-la para mim.

— Não importa o que as pessoas ou o universo pensem a seu respeito. Se elas pensam que você não é boa, não ligue. — Afaguei suas bochechas molhadas pelas lágrimas. — O que importa é que, para mim, você é a pessoa mais generosa, carinhosa e gentil que conheço e que, provavelmente, ainda vou conhecer. Você é boa.

Olivia ponderou por um minuto. Seus olhos se suavizaram e ela esbanjou um pequeno sorriso nos lábios. Ela apoiou-se mais uma vez em meus braços e abraçou minha cintura, pousando a cabeça no meu peito.

— Mas se serve de consolo, *meu amor* — frisei as últimas palavras —, mesmo que você fosse uma pessoa má, ainda seria perfeita.

Olivia levantou a cabeça de meu peito para me olhar nos olhos. Sua expressão demonstrava curiosidade.

— Os bons sempre perdem porque eles têm que jogar limpo. — Gargalhei.

Olivia riu junto comigo e depois me deu outro abraço apertado. Seu toque em minha pele era algo que, mesmo se eu estivesse à beira da morte, não recusaria. Era tentador.

Coloquei minha mão direita em sua bochecha, a respiração de Olivia se acelerou. Aproximei-me devagar, as estrelas do projetor ainda refletiam nos olhos esperançosos de Olivia, não consegui me segurar, então a beijei.

Como todas as outras vezes, beijá-la fazia com que eu perdesse meus sentidos. De repente eu havia me esquecido onde estava, quem eu era e por que existia.

Só havia Olivia.

Meus pensamentos foram dominados por ela, seus olhos, seus cabelos, seus braços, suas mãos bagunçando meus cabelos, seus lábios colados aos meus.

Olivia se distanciou por um segundo e penetrou

meus olhos com os seus. Sua boca estava contraída num sorriso aberto, seus cabelos estavam bagunçados.

— Você sabe que qualquer outra pessoa normal não faria o que nós estamos fazendo, não sabe? — perguntou ela.

Ela se referia ao que nós fizemos durante o dia: largar tudo para que pudéssemos ficar juntos.

— Por que iríamos querer fazer o que pessoas normais fazem? — respondi, com um sorriso no rosto.

Olivia franziu o cenho, seus olhos grudados nos meus. Parecia que estava mais ansiosa que eu.

— Isso. Pessoas normais são terríveis — falou rápido e voltou a me beijar com muito mais fúria.

Ela subiu no meu colo e contornou meu pescoço com os braços, num abraço apaixonado. Pousei as mãos em sua cintura e apertei, Olivia reprimiu um gemido em meio aos beijos. Passei as mãos pelas suas pernas descobertas, não estavam mais arrepiadas de frio.

Agora Olivia arfava e enrolava as pontas dos meus cabelos nos dedos. Ela parou por um segundo para respirar e eu afastei seus cabelos de seu rosto. Ela estava fervendo de calor. Nossos lábios estavam colados mais uma vez e Olivia tentava tirar a jaqueta do time de futebol. Como não conseguiu, a ajudei a se livrar da jaqueta.

Olivia estava dominada pelo calor. Acho que entendeu que eu também estava com calor porque segurou a bainha da minha camiseta e puxou para cima. Nós nos afastamos por um milésimo de segundo para que a camiseta passasse por minha cabeça.

Beijar Olivia não me cansava, ao contrário, a cada segundo que se passava, uma onda de energia era descarregada em meu corpo. Ela passou suas mãos por minha barriga — agora sem camiseta — e sorriu, então voltamos a nos beijar.

GIOVANNA VACCARO

E Se...

Términos
22 de agosto de 2015

"Ainda há monstros por aí, Spencer. Só não estão mais embaixo de nossas camas. E, às vezes, esses monstros não têm garras e rostos feios, às vezes eles são pessoas que nós conhecemos e amamos."

(Alison, Pretty Little Liars)

— Vocês estão bem? — gritou meu pai, alarmado, no exato momento em que atravessamos a porta de entrada da escola. Ele estava apoiado na porta entreaberta de seu carro.

— Estamos — disse Liv, segurando minha mão.

Consegui ver a tia de Olivia dentro do carro, sentada no banco do passageiro, estava com uma expressão vazia. Liv grunhiu ao meu lado.

— Ignore a minha tia — sussurrou Olivia

— O quê? Por quê? — tentei dizer, mas parei quando Olivia me fitou com um olhar desesperador, impedindo que eu continuasse.

Andamos um pouco e nos aproximamos do carro, meu pai me abraçou sem hesitar, enquanto a tia de Olivia nos olhava de soslaio, suspirando. Precisei piscar algumas vezes para entender o que havia acontecido com o lado de fora da escola. Árvores haviam caído, poças de água decoravam o chão e tudo parecia remotamente destruído, devastado e cinza. O vento ainda estava forte contra os nossos corpos, quando me toquei que ainda vestia o uniforme de basquete de algum aluno e, Olivia, um mini short e regata por baixo da enorme jaqueta do time de futebol.

Meu pai fez com que entrássemos no carro, então o ligou e começou a dizer:

— Você deveria ter sido mais cuidadoso ontem, Logan — falou, me olhando pelo retrovisor. — Deixou Bethanny voltar sozinha para casa. Sei o que está acontecendo entre vocês quatro, mas isso não é motivo para...

— Vocês *quatro*? — interrompeu a tia de Olivia, frisando a palavra.

Meu pai olhou para mim com um olhar suplicante pelo retrovisor, eu estava prestes a responder à tia de Olivia, mas fui interrompido.

— Eu, Logan, Ian e Bethanny — respondeu Olivia, o mais rápido que pôde, pude notar.

— Ah! — Ela desviou o olhar. — Sabia que não deveria ter deixado você vê-lo novamente.

"Sabia que não deveria ter deixado você vê-lo novamente?" Por acaso aquilo havia sido uma indireta para mim? Por que diabos a tia de Olivia achava isso?

Não houve resposta para o comentário desafortunado dela, o que foi ótimo. Era horrível pensar que Olivia tinha pais tão legais em outro estado quando morava com uma pessoa tão horripilante como sua tia. Ela tinha cabelos grisalhos, pele clara e olhos de peixe morto. Usava roupas antigas e tinha um certo tipo de TOC com o cabelo, estava sempre passando as mãos pelos fios soltos de seu coque, mesmo quando podia ver que continuariam saindo do lugar.

Meu pai ligou o ar quente do carro. Percebi que Olivia estava muito afastada de mim, o que era estranho depois de ter passado tantas horas abraçando-a. Peguei em sua mão, ela parecia preocupada, hesitante, como se estivesse encarando uma lista de escolhas erradas já feitas.

Conforme o carro foi se locomovendo, as ruas foram ficando ainda mais nebulosas. Ninguém tinha muito interesse nos danos que uma tempestade como aquela poderia ter causado na cidade, todo texano conhecia o que um tornado poderia fazer, já havíamos presenciado muitos deles e aquela não seria a última vez.

O ambiente estava me incomodando de uma maneira que eu pensei ser impossível. A tia de Olivia revirava os olhos a cada dois segundos e fungava, meu pai assoviava, tentando, acho, parecer descontraído quando todos sabíamos que era mentira, e, o pior: Olivia. Ela havia soltado minha mão e se distanciado mais de mim, me lançava sorrisos quando lembrava e mexia em sua pulseira fazendo uma careta. Então, quando o carro parou e estacionou em frente à casa cor de azeitona de sua tia, o meu único desejo era gritar de felicidade.

Olivia destrancou a porta e posicionou a mão direita sobre a maçaneta, sua tia já havia saído do carro há séculos, então ela assegurou:

— Eu te ligo mais tarde.

Concordei com a cabeça e a vi se afastar do carro, saí em seguida e sentei no banco do passageiro. Meu pai ligou o rádio, tentando evitar *aquele* tipo de conversa entre pai e filho — não que tivéssemos, de fato, ter que conversar a respeito de alguma coisa.

Não consegui falar nada nos próximos minutos, na verdade, não consegui nem *pensar* em alguma coisa agradável. Minha mente ia e voltava, mas não chegava em lugar algum, então decidi que isso tudo era sintoma de quem não havia conseguido dormir há dois dias.

— Aquela tia da Olivia é uma pessoa complicada —

falou meu pai, me tirando de meu devaneio. — Tive que aguentá-la reclamando sobre as ruas sujas da casa dela até a escola.

— Por que ela teve que vir, então? — questionei, me esforçando para não odiar tanto alguém que fosse parente de Olivia.

— Porque sua mãe disse que seria melhor, já que ela não ia — respondeu ele.

— E por que ela não veio? Parecia preocupada quando me ligou ontem à noite, pensei que ela seria a primeira pessoa a entrar no carro para quando fossem nos buscar na escola.

Meu pai sempre respondia às minhas perguntas de "bate-pronto", ele nunca hesitava. No entanto, desta vez, havia algo de diferente quando ele não respondeu de imediato e apertou os dedos em volta do volante, deixando suas juntas brancas e as pontas dos dedos vermelhas.

— Tenho que te contar uma coisa, L — foram suas palavras de explicação.

Ah, não. Foi tudo o que consegui pensar. Quando meu pai misturava meu apelido junto com algo que soava propriamente importante, as notícias não seriam boas — não para mim, pelo menos. Era uma mistura de afeto e remorso ao mesmo tempo. Uma combinação estranha vinda de meu pai, que era sempre tão cético e preciso.

— Pode falar.

Ele demorou um minuto para falar. Mudou de marcha pelo menos umas três vezes e olhou para os dois lados do cruzamento duas vezes, depois ligou a seta para direita, indicando que cruzaríamos na direção contrária e, então, suspirou enquanto dizia:

— Eu e a sua mãe... Estamos passando por um momento difícil.

Um momento difícil?

— Vamos nos divorciar, Logan.

Não consegui fazer nada além de olhar para meu pai com uma expressão indignada.

— *O quê?* — gritei surpreso.

— Nós tentamos parecer bem, mas...

Eu o interrompi:

— Vocês são loucos? Por que diabos vão se separar? O que aconteceu? Pensei que vocês se amassem.

— Nós nos amamos, L, só que não mais como antes. — Suspirou ele.

— E é por isso que vão desistir de tudo? — Desliguei o rádio.

Meu pai estralou o pescoço e firmou os dedos, novamente, no volante, mostrando a tensão.

— O que realmente aconteceu com vocês? — perguntei, abaixando a voz pela primeira vez. — Na festa vocês pareciam bem, estavam abraçados.

— Não queríamos causar uma má impressão nos convidados, estávamos organizando aquela festa há mais de cinco meses, é a comemoração favorita da sua mãe — explicou ele.

— Eu ainda não consigo entender... O que houve?

— Nós brigamos muito e a maioria das brigas são por minha causa. Eu errei muito.

— O senhor não *erra*, pai. — Joguei as mãos para cima, mostrando minha indignação quanto a essa palavra. Meu pai era o cara mais organizado, mais constituído e mais coordenado que podia existir, como ele podia *errar*?

Um barulho, que talvez fosse para ser uma gargalhada forçada, saiu da sua boca, enquanto ele balançava a cabeça. Meu pai finalmente me olhou nos olhos quando o carro parou na frente de nossa casa, seus olhos passaram de piedosos para suplicantes. Ele passou a mão direita pelos cabelos que estavam começando a ficar grisalhos nas laterais e sussurrou as palavras:

— Eu traí sua mãe.

Não sei o que aconteceu comigo neste exato momento, foi como se meu cérebro houvesse se apagado. Desliguei-me de tudo por alguns segundos e tentei não pensar em nada, eu não conseguia, pelo menos. Quando meus sentidos voltaram, meu pai me olhava com uma expressão desesperada e esperava por alguma resposta da minha parte. Tentei não acusá-lo ou julgá-lo, talvez tivesse tido algum motivo para fazer o que fez com minha mãe, para ter abusado de sua confiança, de seu amor. Mas não pude aguentar por tanto tempo assim.

— Como pôde ser capaz de uma coisa dessas? — gritei, procurando a maçaneta da porta do carro.

Meu pai abaixou a cabeça, como se pela primeira vez eu tivesse razão em alguma coisa e ele fosse o errado.

— Isso já faz um tempo — foi o que ele conseguiu pronunciar.

— Quanto tempo? — Engoli todos os palavrões e xingamentos que queria berrar.

— Oito anos.

Aquilo foi o bastante. Abri a porta do carro e saí o mais rápido que consegui, batendo a porta com o máximo de força que eu tinha. Será que algum dia minha vida seria tranquila?

Meu pai traía minha mãe há oito anos. Foram oito anos de mentiras, oito anos de ilusões...

Ouvi a janela do carro sendo aberta quando eu já havia me afastado, então ouvi meu pai falar:

— Espero que você possa me perdoar um dia. — Sua expressão era de medo.

Lancei o meu olhar mais fugaz, como se a minha conexão com meu pai, de repente, tivesse virado uma linha tênue, prestes a ser cortada. Ele percebeu minha reação e suspirou, triste consigo mesmo.

— Eu *nunca* vou te perdoar! — gritei, não me importando com o que a nossa vizinhança acharia.

— A sua mãe conseguiu. — Ele ligou o carro e deu a partida.

Eu estava em frente à minha casa. Antes de ontem, aquela casa parecia tão alegre e imune a intrigas... Agora, só parecia com mais uma casa cinza, assim como as casas em *Gossip girl* — pareciam normais por fora, mas cheias de conflitos por dentro. Uma lata de lixo estava posicionada ao meu lado, onde o carro do meu pai estivera, chutei-a com raiva.

Por que meu pai fez isso? *Eu* me sentia traído, não queria nem pensar no quanto minha *mãe* estava sofrendo. Meu pai disse que ela o havia perdoado, por que ela fez isso? Eu, pelo menos, não era capaz de perdoá-lo, disso tinha certeza. Como ela conseguiu? Sacudi a cabeça, tentando sair do devaneio, eu precisava vê-la.

Andei a passos firmes enquanto atravessava o gramado e abri a porta de madeira de nossa casa. Não estava como ontem, bagunçada e fora de ordem, agora tudo estava em seu devido lugar, com o chão brilhando. Passei pela sala de estar e vi no relógio, que ficava no aparador cobre, que eram 12h30min. As cortinas estavam fechadas, deixando a casa escura. Andei devagar pelos cômodos, procurando por minha mãe.

— Mãe? — gritei.

Ouvi um móvel se mexendo no andar de cima.

— Estou no meu quarto, L — disse ela, sua voz parecia normal.

Subi as escadas e andei rápido pelo corredor até o quarto dela. Minha mãe estava sentada na ponta da cama, imóvel.

— O que foi? — ela perguntou quando coloquei um dos pés para dentro do quarto, sua voz mostrava tensão.

Cerrei os olhos.

— O que está fazendo? — questionei.

Ela revirou os olhos e depois sorriu, como sempre.

— Vendo algumas fotos antigas. Venha ver. — Ela tirou uma grande caixa branca de trás de seu corpo e engatinhou até o centro da cama, sentando-se com as pernas cruzadas e colocando a caixa em seu colo enquanto apoiava-se em um travesseiro.

Adentrei o quarto e andei até a cama *king size* dos meus pais. Um arrepio percorreu minhas costelas ao lembrar que talvez eles nunca mais dormiriam juntos. Sentei-me na beirada da cama, tentando ver a imagem da foto que ela segurava.

— Isso foi na Florida, lembra? — falei, me aproximando mais da minha mãe para enxergar a foto. Éramos eu, minha mãe e meu pai em um porto para pequenos barcos, a água ao fundo era tão azul que podia se misturar com a camiseta do meu pai, como em uma ilusão de ótica. Eu deveria ter uns catorze anos, meu pai abraçava minha mãe com o braço direito e com o esquerdo, posicionava a mão em meu ombro.

Aquela foto.... Eu tinha catorze anos. Isso foi há três ou quatro anos. Meu pai estava tendo um caso há *oito* anos, como ele podia parecer tão fiel à esposa quando, na verdade, a estava traindo?

Minha mãe passou o dedo indicador por cima de

nossos rostos na foto e suspirou, então a colocou dentro da caixa e pegou outra. Essa era do casamento dos meus pais, estava envelhecida e um pouco amassada. Minha mãe estava com a mão estendida e meu pai a segurava, enquanto colocava a aliança em seu dedo. Os dois estavam bem mais jovens, os olhos azuis do meu pai brilhavam muito mais e os cabelos de minha mãe tinham uma cor mais intensa. Aquilo me fez grunhir.

— O que há de errado, L? — disse minha mãe, tirando os olhos da foto.

Dei de ombros.

— Quando você ia me contar que estavam se divorciando?

Ela soltou a foto e a colocou junto com as outras dentro da caixa sem dizer nada, então suspirou e sorriu.

— Logo — falou. — Eu ia te contar logo.

Arqueei as sobrancelhas.

— Isso é normal. Você sabia que setenta entre cem casamentos acabam em divórcio hoje em dia?

— É, só que eu podia jurar de pés juntos que vocês não estariam no meio desses setenta — disparei.

— Foi inevitável.

Bufei.

— Eu sei. É culpa *dele*. Como ele pôde...?

Minha mãe levantou a mão, pedindo para que eu parasse de falar.

— Não fale assim de seu pai, Logan.

— Como você consegue ser tão calma? — questionei, tentando controlar minha pulsação, que já tinha se acelerado só em pensar que meu pai traiu não só a minha mãe, mas também a minha *confiança*. — Ele disse que você o perdoou.

— É verdade — foi o que ela disse.

— Como pôde? Eu não consigo nem pensar nele sem tremer de raiva.

— Não precisa ficar com raiva dele, Logan. Eu já sabia das traições há muito tempo.

Isso me pegou de surpresa.

— Há muito tempo venho tentando esconder o que sinto em relação a isso. Ninguém nunca desconfiou. Seu pai buscava por novas experiências e encontrou. Eu só não queria que ele fosse embora, porque eu o amo. — Minha mãe baixou o olhar e torceu a ponta da fronha branca do travesseiro.

Não sabia o que falar, então coloquei minha mão direita em seu ombro.

— Só que agora... Nesses últimos tempos, nós passamos a discutir, coisa que não fazíamos. Eu sempre tentei amenizar as discussões, mas chegou um momento em que minhas tentativas não foram mais úteis. — Uma lágrima caiu e correu pelo rosto de minha mãe.

— Mãe, por favor, não chore. A culpa não é sua. Por favor.

Ela me olhou com os olhos em estado de alerta, pasma, como se não acreditasse em mim.

— É claro que é minha culpa. Eu devia ter sido mais compreensiva, como pude ser tão burra? — ela sussurrou.

Esperei um momento até que o choro dela fosse abafado.

— Não fale isso nunca mais, mãe — falei com a voz baixa.

Ela engoliu em seco e me abraçou forte.

— Me desculpe, L, me desculpe.

E tudo começou mais uma vez. As lágrimas começaram a correr mais rápido e minha mãe começou a soluçar. Passei a mão nas costas dela, tentando acalmá-la.

— Não é sua culpa — repeti, tentando soar gentil.

— Eu também errei, não foi apenas ele. Eu falhei em ser compreensiva.

Respirei fundo, contando até três mentalmente para poder me controlar e não sair pela porta em busca do meu pai, para que pudesse dar um soco na cara dele, vingando o que ele havia feito com minha mãe.

— Você não errou. Acha que o certo seria ficar vendo meu pai sair com outra mulher e tentar não demonstrar suas reações quanto a isso? Acha que o certo era esperá-lo chegar em casa com aquela cara de nada enquanto você já sabia da verdade há muito tempo? Ele sabia que você sabia, por que não acabou com isso antes? Por que esperar tanto tempo?

Minha mãe apoiou a testa em meu ombro e chorou por mais um tempo, eu passava a mão em suas costas, mas não funcionava.

— Foram muitos erros, Logan. Eu cometi um monte de erros — ela repetiu, como se quisesse me convencer de que a culpa era dela e não do meu pai.

Decidi que, no momento, o melhor a fazer seria concordar ou, pelo menos, não tocar no assunto para que ela pudesse se acalmar.

— Vai dar certo — consolei. — O que quer que aconteça, vai dar certo.

Ela levantou a cabeça do meu ombro e me encarou.

— Eu que deveria estar falando isso para você — queixou-se.

Sorri e afastei sua franja dos olhos com os dedos.

— Espero que você não tenha esse meu gene para más escolhas. — Ela tentou sorrir, mas desistiu.

Balancei a cabeça, negando.

— Espero que eu tenha. Espero que eu tenha o seu DNA inteiro. Porque, assim, eu vou ser esperto, corajoso e gentil.

E pela primeira vez desde que ela começou a chorar, acho que pude ver a sombra de uma covinha na bochecha de minha mãe.

— Você sabe o quanto eu te amo? — perguntou ela.
— É, acho que eu sei.

Só de pensar na palavra "pai" meu corpo já tremia, minhas mãos ficavam suadas e minha nuca queimava. Eu nunca fiquei com raiva do meu pai. Ele sempre foi o cara mais incrível que eu conheci. Como isso pôde mudar em menos de meia hora?

Eu ainda não conseguia entender o porquê de ele ter feito o que fez. Nas histórias em que me contou, ele lutou muito para conseguir ficar com minha mãe. Acho que meu avô materno não aprovava a relação dos dois e fez de tudo para dificultar a vida do meu pai, que utilizou os mesmos esforços para conseguir ficar com minha mãe. Sempre que ouvia a história toda, me sentia dentro de um filme, porque querendo ou não, *eu* era o motivo. Meus pais tiveram que se casar muito novos porque minha mãe estava grávida. Mas eles — pelo menos foi o que me contaram — se casaram porque se amavam, eram perfeitos juntos.

Eram como eu e Olivia. Eu estava fazendo de tudo (e isso incluía as viagens no tempo) para conseguir ficar com ela. Nós nos amávamos, mas o destino sempre ficava em nossa frente e tramava algum outro problema. Só que eu não estava tão disposto a desistir, eu continuaria a fazer qualquer coisa para ficar junto de Olivia. Sempre.

Pensar em Olivia me acalmou. Saber que estávamos bem me acalmou, eu não precisaria fazer mais nada para que pudéssemos ficar juntos. O único problema em nosso relacionamento era o fato de que Ian estava chateado conosco. Eu não queria pressioná-lo, porque entendia o que ele estava passando, mas nós poderíamos resolver isso com ele depois, assim como poderíamos resolver com Bethanny.

Então, basicamente, o problema desta vez não era sobre mim, mas, sim, sobre meus pais. Eu precisava pensar em alguma coisa que pudesse ajudar minha mãe. Mas parecia que toda vez em que, realmente, precisava utilizar todos os meus neurônios, eles estavam desligados. Meu único pensamento era: *dane-se o meu pai!*

O que me chamava a atenção era que ele nunca demonstrou falta de afeto algum por minha mãe. Sempre esteve presente, sempre pareceu feliz com o curso de suas vidas, ele a amava. Por qual outro motivo ele faria tudo o que fez por ela?

Quer dizer, ele estudou por meses, procurando uma maneira de trazê-la de volta. Minha mãe estava *morta*. Ele sofreu quando ela morreu. Eu me lembro de sua expressão no velório, parecia cansado. Ele trabalhou por muito tempo e conseguiu uma fórmula capaz de fazer alguém viajar no tempo. Como ele não poderia amá-la?

Eu precisava encontrá-lo, precisava *saber*.

Minha nuca começou a esquentar e minhas mãos a deslizar. Então, de repente, tive a ideia que talvez mudasse o curso da minha vida e arruinasse tudo o que eu já havia conseguido, mas, talvez, arrumasse tudo o que eu havia destruído. Subi as escadas e andei pelo corredor até meu quarto.

O cômodo ainda estava vazio, considerando que eu ainda não tinha me mudado verdadeiramente de volta. Todas as minhas coisas estavam no Arizona, na casa da minha tia. Andei até a cômoda e abri a caixa de madeira, na qual eu havia guardado as pílulas. Não havia nada dentro dela. Meu coração se acelerou, onde elas estavam?

E se meu pai as tivesse pegado?

Engoli em seco e corri escada a baixo, passei pela sala de estar e abri a porta que levava até o porão. Liguei a lanterna do meu celular e desci as escadas. O lugar estava empoeirado e desorganizado, assim como da última vez em que estive ali. Se meu pai houvesse pegado as pílulas — o que era mais lógico —, as teria guardado em seu laboratório/porão, certo?

Passei a mão pela parede, procurando pelo interruptor de luz e o liguei. A luz era fraca e amarelada, mas era muito melhor do que a lanterna do celular.

Comecei a revirar os porta-lápis e os papéis que estavam em cima da mesa. Sentei-me na cadeira giratória que ficava em frente, fiz uma bolinha com um dos papéis que estavam em cima da mesa e já estava me preparando para fazer mais uma, mas interrompi meu movimento quando notei que havia coisas escritas no papel.

Era um monte de números e equações matemáticas — que não consegui entender, claro. Mas no canto inferior do pedaço de papel amassado, havia algo escrito em uma letra quase ilegível, que logo a reconheci como sendo do meu pai: *"Preciso alertá-lo!"*

"O que isso quer dizer?", me perguntei. Coloquei o papel em cima da mesa, onde estava antes, e me levantei da cadeira giratória. Andei até o quadro negro que ficava na mesma parede que o pôster da evolução *versus* criação. Não tinha nada escrito — o que era estranho, porque *sempre* havia coisas que eu jamais entenderia escritas no quadro.

O porão era o único outro lugar em que poderia pensar em procurar pelas pílulas e eu precisava encontrá-las antes que meu pai voltasse de onde quer que estivesse. Voltei para a mesa e tentei analisá-la, não havia mais nada além dos papéis que eu havia transformado em bolinhas e dos porta-lápis revirados. Andei em círculos por alguns minutos, tentando pensar em outros esconderijos, até que reparei que na mesa havia uma gaveta simples com cadeado. Não perdi tempo e tentei abri-la, mas — é claro — estava trancada.

Olhei em volta, tentando descobrir onde meu pai havia guardado a chave. *Talvez esteja com ele*, me peguei pensando. Mas eu não podia perder tempo, então voltei a revirar o porão/laboratório. Eu tinha revirado todos os porta-lápis, menos um deles, que ficava bem no centro da mesa. Tentei movê-lo de todas as formas possíveis, mas foi em vão, ele não se mexeu. Encontrei uma régua de aço no chão, a posicionei para que ficasse perpendicular ao porta-lápis e fiz força, então ouvi um barulho, como se fosse de alguma coisa se desgrudando. Embaixo do porta-lápis, havia uma chave.

Por que diabos meu pai esconderia tão bem uma chave?

Peguei-a nos dedos. Ela era de uma cor escura como grafite e menor que meu dedo indicador. Coloquei-a na fechadura da gaveta e ela se encaixou de primeira, girei duas vezes e ouvi um *clique*. Dentro da gaveta, havia alguns papéis, eu os folheei rapidamente e a única coisa que consegui descobrir foi que meu pai era um grande acumulador de rascunhos de fórmulas matemáticas — que surpresa! Um envelope pardo estava por baixo dos rascunhos, eu o abri com cuidado para não rasgar e tirei de dentro dele um papel mais grosso, meio amarelado, com os dizeres "Contrato de divórcio". Folheei longas sete páginas até encontrar a página onde constavam as assinaturas dos meus pais. As duas primeiras assinaturas eram dos advogados e as duas segundas dos meus pais.

Guardei o contrato de volta no envelope pardo e o coloquei no chão, junto com as folhas das fórmulas. Não havia mais nada dentro da gaveta, a não ser por uma caixinha branca, que qualquer outra pessoa julgaria como uma caixa de antibióticos, mas eu sabia que, naquela caixinha, havia pílulas que podiam fazer muito mais do que curar um resfriado.

Meu coração disparou quando ouvi passos na escada. Guardei o envelope e as folhas de rascunho dentro da gaveta e a tranquei, joguei a chave de qualquer jeito em cima da mesa e coloquei a caixa com as pílulas no bolso da calça.

Olhei para cima, tive que piscar algumas vezes para me acostumar com a claridade, só conseguindo enxergar a silhueta do meu pai.

— O que está fazendo aqui, Logan? — perguntou ele, com um olhar peculiar.

— O que *você* está fazendo aqui? — rebati.

Meu pai me olhou com espanto. Nunca fui desses filhos que desrespeitam os pais, eu nunca os respondi.

— Estou na minha casa — ele falou dando de ombros.

— Bom, eu também estou — disse, tentando parecer confortável com a situação.

Ele andou até onde eu estava em cinco demorados passos e lançou seus olhos em direção à mesa, que estava revirada, então arqueou as sobrancelhas, como se dissesse "vamos logo com isso".

Não me pronunciei até ele perguntar:

— O que estava procurando?

— Uma coisa que me pertence — respondi, cruzando os braços.

Meu pai balançou a cabeça.

— Teve sorte?

— Não sei. Eu tive? — Cerrei os olhos.

Ele deu de ombros, rindo, enquanto eu bufei, revirei os olhos e suspirei — tudo ao mesmo tempo!

— Você vai ficar com raiva de mim por quanto tempo? — Ele me lançou um olhar enviesado.

— Também não sei. Talvez demore uns oito anos, assim vai compensar o tempo que você gastou tendo um caso com outra mulher. — Lancei o mesmo olhar.

Ele fechou a cara e cerrou os punhos.

— Por quanto tempo vai continuar usando esse seu sarcasmo?

— Aí depende. Por quanto tempo ainda vai ficar me fazendo perguntas idiotas?

Meu pai agachou, pegando uma folha branca e amassada do chão, que reconheci como sendo uma das muitas outras folhas de rascunho com fórmulas que deveriam estar dentro da gaveta. Droga!

— E aí, para onde vai desta vez? — ele me perguntou, sentando-se na cadeira giratória. — Ou melhor, para *quando*?

— Logo mais você vai saber — falei, tocando na caixinha que estava no meu bolso.

— Sabe, eu não entendo por que você está tão inquieto.

— Ah, não sabe? É porque você traiu a minha mãe e, nesse exato momento, ela deveria estar no shopping com aquelas amigas estranhas que tem, como sempre faz. Só que em vez disso, ela está revirando uma caixa de recordações cheia de fotos da gente na Flórida, de quando eu ainda tinha espinhas e você ainda tinha cabelo!

— Já acabou, Logan? — ele disse rindo.

Era só o que me faltava.

— Mas sua mãe está reagindo bem, L. — Ele limpou a garganta. — Quero dizer, ela não está me atacando e nem jogando na minha cara a minha falta de cabelos.

— É porque ela ainda não entendeu o grande imbecil que você se tornou! — gritei. — Ela ainda o vê como quando começaram a namorar. Eu realmente pensei que você a amava, droga. Não pensei que fosse traí-la algum dia! No entanto, você não pensou duas vezes quando encontrou outra mulher com quem pudesse se divertir. Eu não estou com raiva de você, estou com nojo! Você tinha tudo para ter a vida perfeita: uma mulher linda, um filho, uma boa casa, dinheiro. Meu Deus, você até inventou um jeito de viajar no tempo, poderia ganhar um prêmio, ficar famoso e ainda mais rico. Mas preferiu jogar tudo para o ar e desperdiçar a vida com coisas idiotas. Que merda! Como conseguiu dormir durante esses oito anos de traição?

Meu pai balançou a cabeça, ponderando por alguns segundos.

— Você fica baseando suas hipóteses em coisas que você mesmo criou. Eu nunca disse que consegui dormir durante esses oito anos.

Revirei os olhos.

— Acontece que conhecer a Sofia não fazia parte dos meus planos. Tudo aconteceu muito rápido e eu só me dei conta quando sua mãe descobriu, foi apenas depois de alguns dias que eu havia começado com Sofia. Foi há oito anos, como você sabe. Eu estava tentando desenvolver uma fórmula para o experimento que estava testando e apresentando ao ministério da saúde dos Estados Unidos. Eu tinha descoberto uma maneira de interromper um tipo de doença que hoje em dia nem existe mais. Gostaram da minha ideia, então me convidaram para apresentar meu trabalho, que estava quase concluído, para todos os supervisores. Eu lembro que você ainda tinha nove ou dez anos, tinham me dito que o prédio em que eu deveria apresentar meu trabalho havia sido construído e inaugurado há muito pouco tempo, então tudo era muito lindo. Ficava naquela rua que nós gostávamos de ir comprar os seus tênis de basquete, lembra? Isso foi quando você ainda gostava de esportes. — E riu.

Ainda não sabia o que aquilo tudo tinha a ver com o que meu pai tinha feito.

— Quando comecei a apresentar a proposta, o projetor falhou e tudo iria por água a baixo se não voltasse a funcionar. Sofia estava na bancada de supervisores. Ela se levantou e veio até onde eu estava, balançando seus cabelos ruivos em ondas. Fiquei hipnotizado por sua beleza. Parecia tão confiante... Então ela me ajudou a fazer o projetor voltar a funcionar, dizendo que o aparelho estava com mau contato e que vários outros palestrantes tinham passado pela mesma situação embaraçosa. E depois você sabe o que aconteceu, Logan.

Ah!

— Eu realmente não precisava saber como vocês se conheceram — reclamei. — Nem que ela tem ondas no cabelo ruivo.

Meu pai me ignorou, como se de repente tivesse voltado a ser o homem sério e cético de sempre.

— Eu só gostaria de saber em que dia vocês se conheceram. — Fechei os olhos, já sabendo que minha pergunta havia sido muito indiscreta, ele entenderia a referência.

— Durou oito anos. É tudo o que você precisa saber, Logan — ele disse em meio a uma risada de deboche. — Quando a sua mãe pediu o divórcio no mês passado, eu terminei com a Sofia.

Eu não queria admitir, mas meu pai era tão inteligente para algumas coisas — como inventar pílulas que te fazem viajar no espaço-tempo —, mas tão idiota para outras — tipo, só terminar com a amante *depois* do divórcio. Isso era tão a cara do meu pai, que nem fui capaz de questionar.

Quanto ao dia em que se conheceram, eu teria que descobrir sozinho.

— Eu tentei parar. Foi sem querer. Eu amo a sua mãe com *todas as minhas forças*. — Ele amassou uma folha do bloco de notas amarelo, transformando-a em uma bolinha. — Acontece que quando você comete um erro, acha que vai conseguir consertá-lo, mas depois se vê preso a ele a cada dia que passa, a cada minuto que corre, você se vê mais embaraçado ao erro e ele começa a se apoderar de você e então não tem mais como remediar, não tem mais nada que possamos fazer além de ceder.

Ele disse que ainda amava minha mãe. Seria verdade? Eu podia confiar no que ele estava dizendo? Só que ao mesmo tempo em que ele afirmou que ainda a ama, meu pai também lembrou que não se arrepende de ter feito o que fez. Então concluí que ele não amava minha mãe o tanto que ela merecia.

— A soma de todas as forças é igual a zero, pai. No final das contas, você não a ama.

Então girei os calcanhares e subi as escadas que levavam até a sala de estar, deixando meu pai com a cara igual ao do Presidente Snow, quando este percebeu que todos seus esforços não adiantaram de nada e que a Katniss causou uma revolução maior do que esperava.

Decidi que não ficaria sentado enquanto minha mãe se culpava pelo fato de meu pai ser um grande otário. Então bolei um miniplano em minha mente enquanto andava em circulos no meu quarto. Como sempre, fui até minha escrivaninha e alcancei uma folha de papel em branco. Destaquei uma das pílulas vermelhas da cartela prateada e estava prestes a colocá-la em minha boca quando percebi que não sabia para *quando* ir.

Eu sabia o que deveria fazer — quanto a isso eu não tinha nem sombra de dúvida —, mas não sabia para qual data ir a fim de executar meu plano.

Voltei para o andar de cima da casa e mais uma vez entrei sem bater no quarto de minha mãe. Ela ainda estava parada na mesma posição de quando eu a deixei sozinha. Parecia perdida, mas ao contrário das pessoas que, realmente, se perdem, ela não queria ser encontrada. Parecia que ela se sentia confortável em se encontrar naquele estado. Estava deitada no centro da cama, com os braços abertos e fitando o teto. Seus olhos, porém, estavam serenos e seu corpo relaxado.

Caminhei em direção à cama e parei quando minha mãe me notou, mostrando seus olhos negros e as suas covinhas nas bochechas quando deu um breve sorriso, como se estivesse me cumprimentando.

— Logan — disse a voz fraca da minha mãe.

— Vou perguntar uma coisa e você tem que me prometer que vai responder, tudo bem? É muito importante.

Ela cerrou os olhos e aquiesceu uma vez.

— Você me disse que sabia o que meu pai estava fazendo desde sempre — comecei.

Minha mãe não moveu nem um músculo de seu corpo, sequer.

— Eu posso te ajudar, mãe. Mas você vai ter que me dizer quando você descobriu.

— Eu não me lembro — disse ela, fechando os braços.

Arqueei as sobrancelhas.

— Eu sei que você se lembra.

Minha mãe desviou os olhos dos meus por um segundo.

— Estou falando a verdade — mentiu.

— Você hesitou, não está sendo franca. — Deixei meus braços caírem. — Já não basta ter um pai que mente para mim? Agora minha mãe também não está falando a verdade.

Ela ponderou sobre o que eu falei por alguns segundos e soltou o ar.

— Eu não *quero* me lembrar — frisou as palavras.

— Faça isso por mim, mãe. Por favor — pedi, torcendo para que ela cedesse e me contasse, eu precisava ajudá-la.

— Eu me lembro daquela data todo dia, L, é desgastante. Foi o dia em que seu pai começou a me trair e nunca mais parou. Você não acha que eu gostaria que isso sumisse da minha mente? — Ela parecia fragilizada e magoada agora.

— Entendo — falei. — E eu posso te ajudar a esquecer essa lembrança horrível, mãe. Por favor.

Ela se levantou de repente e se sentou na beirada da cama, apertando o travesseiro com o que parecia ser o último fio de esperança, parecia tão vulnerável.

— C-Como? — gaguejou, os olhos brilhando como se ela acreditasse que eu poderia, sei lá, fazer com que aquela lembrança sumisse estralando os dedos ou dando a ela uma poção mágica.

Limpei a garganta. Eu não podia dizer a verdade.

— Você só tem que confiar em mim e prometo que nunca mais essa lembrança vai te atormentar.

— Faz muito tempo. Eu havia ligado para o Austin, queria saber se ele queria que eu arrumasse as malas dele, já que passaríamos alguns dias em Paris. — Ela abaixou a cabeça e fitou o travesseiro, como se um filme estivesse passando em sua mente naquele momento, assim como estava acontecendo comigo ao me lembrar da nossa viagem a Paris. — No entanto, não foi ele quem atendeu a ligação, foi aquela... Sofia. A linda, ruiva e *magra* Sofia.

Queria poder saber como era a fisionomia daquela mulher, se realmente era bonita...

— Eu fiquei confusa e suspeitei de muitas coisas depois daquela ligação. Então investiguei e descobri tudo o que o seu pai estava fazendo pelas minhas costas. Ele estava me traindo na maior cara lavada e, quando o questionei, ele não negou. Me pediu desculpas, eu lembro, me prometeu que terminaria com tudo porque me amava.

Ela parou de falar por um momento e eu não a apressei.

— Então, respondendo à sua pergunta... — Limpou a garganta. — Se nós embarcamos no voo para Paris no dia vinte e sete de abril daquele ano, então eu questionei seu pai lá para o dia vinte e três.

Eu me levantei, decidido a acabar com aquilo tudo naquele exato momento agora que já tinha uma noção da data.

— Eu ainda não entendo como consegui entrar naquele avião. Lembro-me de que meu coração parava de bater de tanto desgosto todas as vezes que seu pai segurava minha mão durante o voo e durante nossa estada em Paris. Ainda não entendo como consegui perdoá-lo. Eu havia acreditado que ele havia terminado com Sofia por mim, quer dizer, eles nem se conheciam tão bem, não se amavam, apenas sentiam atração física, acho. Eles se conheciam havia poucos dias. Pensei que seria muito mais fácil para seu pai esquecê-la, mas descobri que ele mentiu para mim durante oito anos. — A cada palavra que minha mãe pronunciava, sua voz ficava mais fina, mostrando que ela não aguentaria muito mais tempo até se debulhar em lágrimas. — Oito anos, Logan, você tem noção disso? Eu... Eu não... Não consigo entender... Não consig...

Então ela estava chorando de novo. Minha mãe soluçava e se engasgava com as palavras. Sentei-me na cama ao seu lado e a abracei. Nunca fui muito bom em fazer pessoas pararem de chorar. Um mero sorriso se formou em meu rosto quando me lembrei de que já havia passado por vários momentos assim com Olivia, onde ela começara a chorar e eu não soubera o que fazer, no final, ela sempre ria da minha falta de noção com as mulheres.

Depois de algum tempo, me levantei mais uma vez e pedi que minha mãe me esperasse, disse que voltaria em poucos minutos. Fui para meu quarto e não perdi tempo pensando no que fazer, apenas peguei a mesma pílula vermelha que já havia destacado da cartela há alguns minutos e coloquei na boca, depois peguei uma caneta e tentei decidir para quando ir. Eu não tinha um dia exato, não tinha certeza, então juntei as informações que havia conseguido dos meus pais.

Tudo aconteceu muito rápido e eu só me dei conta quando sua mãe descobriu, dissera meu pai, *foi apenas depois de alguns dias que eu havia começado com Sofia.*

Se nós embarcamos no voo para Paris no dia vinte e sete de abril daquele ano, então eu questionei seu pai lá para o dia vinte e três, lembrou minha mãe.

Escrevi uma data que eu achei ser apropriada e, enquanto fazia isso, pedia para que minhas escolhas fossem as melhores. Pousei a caneta na mesa e fitei a data no papel. Era a primeira vez em muito tempo que eu estava viajando no tempo, então respirei fundo enquanto via o papel tremendo em minhas mãos, as canetas se movendo na mesa e meu quarto balançar.

GIOVANNA VACCARO

E Se...

Temos que aceitar
14 de abril de 2008

"Sei que esta é a escolha errada, mas sinto como se fosse a única possível. Portanto, é a que faço."
(Bruce, o segundo – Naomi & Ely e a lista do não beijo)

Quando minha visão ficou nítida, tive vontade de gargalhar.

Havia uma mulher sorridente de estatura baixa, que eu poderia reconhecer em qualquer lugar, escrevendo versos de uma poesia no quadro. Era a minha professora da quarta série. Dei uma olhada em volta e consegui reconhecer a maioria das crianças da sala, inclusive Ian, sentado na primeira fileira, ouvindo o que a professora dizia e anotando tudo em seu caderno.

Lembro que, naquela época, Ian estudava porque gostava e não porque era obrigado. Eu estava sentado em uma das últimas fileiras, meu caderno estava aberto em cima da mesa, mostrando minha antiga letra cursiva.

Obriguei-me a olhar para minhas mãos, quando o fiz, não consegui deter a risada. Elas estavam bem menores do que estava acostumado. Eu vestia o uniforme vermelho do fundamental e meus pés mal tocavam o chão.

Tinha dez anos novamente.

A professora parou de escrever e começou a andar pelas fileiras de mesas. Parou ao lado da minha mesa e olhou para o quadro, pensativa — ela levava a literatura e a poesia muito a sério.

— Eu gosto de você, mas você erra — ela começou a ler o que havia acabado de escrever no quadro. — Erra ao pensar que vou esperar para sempre, ao pensar que tenho todo o tempo do mundo, erra ao... — A professora se interrompeu por um segundo e fitou o chão, como se estivesse se lembrando de alguma coisa importante, então ela retornou à frente da sala e nos olhou, recitando a continuação do verso. — Erra ao pensar que eu não sofro com sua ausência.

Não houve nenhum comentário vindo dos alunos.

— O que vocês entendem com este verso? — perguntou.

— Errar não é legal — respondeu um garoto.

A professora balançou a cabeça, negando.

— Não é isso.

— Quem escreveu esse verso, professora? — perguntou Ian, que estava ao seu lado.

Ela olhou para ele com os olhos brilhando e respondeu:

— Foi um jovem escritor, acreditam que ele tem apenas dezenove anos? Seu nome é Caio Augusto Leite.

Ian se debruçou sobre e a mesa e anotou o nome rapidamente em seu caderno.

— E aí, ninguém entendeu o verso?

— Acho... Acho que esse cara... — uma garota se pronunciou. — Esse cara ama alguém, mas ela erra tanto que ele está quase desistindo.

Novamente, a professora balançou a cabeça, ponderando.

— É verdade — concordou um menino que estava

sentado a uma mesa de distância da minha. — Esse cara está sofrendo pra caramba e a culpa é dessa garota de quem ele gosta. Que babaca, por que ele não para de gostar dela?

— Às vezes você escolhe o amor, mas, às vezes, ele escolhe você. — Ela deu de ombros.

— Eu acho que a culpa não é dessa garota... — começou Ian. — Quer dizer, isso é só um verso, é uma ficção. A culpa desse sofrimento todo aí é do autor, a culpa é da história, professora.

Ela arregalou os olhos e sacudiu a cabeça.

— Por favor, não culpem a história. — Ela levantou a mão direita em defesa. — Ela não pode deixar de acontecer.

Ian deu de ombros e sorriu, me fazendo lembrar que, apesar dos argumentos, aquela turma era composta por crianças de dez anos.

— Eu acredito que a culpa, se é que alguém é o culpado nessa história toda, na verdade, é do destino — falou a professora.

Aquele verso se tratava de uma história completa, mesmo sendo apenas um mero verso. Havia uma história completa por trás daquelas palavras. Se existia alguém por quem o eu lírico era apaixonado, esse alguém não se importava tanto. Se a culpa era do destino, então, nessa história, o destino não era bom.

— Então quer dizer que o destino é o vilão? — perguntou um outro aluno, com receio.

— Não, o destino não é um vilão, querido — prontificou-se a professora, rindo. — Talvez haja alguma coisa que vocês tenham medo de dizer, ou alguém que temam amar, ou algum lugar aonde têm medo de ir. Vai doer porque é importante.

Tentei organizar meus pensamentos com o que ela havia acabado de dizer.

— Mas eu não acho que seja *preciso* doer. Acredito apenas que vocês fazem as suas próprias histórias — continuou. — Nosso destino vive dentro de nós, vocês só precisam ser corajosos o bastante para poder vê-lo. Então, se forem corajosos, ele não será um problema.

Consegui me lembrar do porquê eu gostava tanto daquela professora quando fazia parte da turma dela: ela era uma das pessoas mais inteligentes que eu conhecia. Assisti ao resto da aula sem dizer nenhuma palavra sequer. O sinal soou e a professora riu quando todos se levantaram desesperados para irem embora da escola.

O plano que eu havia bolado borbulhava em minha mente. Avistei Ian guardando os cadernos na mochila sem pressa alguma. Lembrei-me de que nessa época os pais dele estavam se divorciando e ele não sabia como agir, por isso não se importava muito em demorar a chegar em casa. Fiquei triste ao lembrar que meus pais também estavam se divorciando, no entanto, ao contrário de Ian, eu *podia* consertar as coisas.

— E aí, Ian? — falei me aproximando.

— E aí... — ele respondeu fechando o zíper da mochila e a colocando sobre os ombros. Fiz o mesmo com a minha e começamos a andar em direção à porta.

— O que vai fazer hoje? — ele me perguntou.

Dei de ombros, não querendo mentir para meu melhor amigo. Eu não podia contar a ele o que faria de verdade.

— Pensei que podíamos jogar *GTA* na sua casa — continuou, com os olhos esperançosos. Agora eu entendia por que ele não gostava de ir para casa, sempre queria passar a tarde comigo.

— Eu tenho outra coisa para fazer... — falei.

— Ah. — Ele olhou para os tênis, visivelmente triste. — T-tudo bem.

— Mas talvez você queira vir comigo — apressei-me em dizer.

Os olhos de Ian quase saltaram das órbitas.

— Sim. Eu quero — ele falou, alegre de novo. — Aonde vamos?

— Para o centro, preciso falar com o meu pai. — Fiz cara de tédio enquanto começava a andar.

Ele balançou os ombros e riu, correndo atrás de mim para me alcançar.

Esperamos no ponto de ônibus por alguns minutos, conversando sobre *games* — porque, pelo visto, garotos de dez anos só conversam sobre isso em 2008. Quando o ônibus estacionou à nossa frente, abrindo as portas duplas, eu perguntei a Ian:

— E como estão seus pais?

Ele me olhou confuso com a pergunta, como se preferisse conversar sobre *Guitar Hero* em vez de seus pais.

— Minha mãe me perguntou se eu gostaria de morar com ela ou com meu pai — ele falou mesmo assim.

— E o que você disse para ela? — Tentei tomar cuidado com as palavras, porque se eu dissesse algo muito explícito poderia mudar o futuro da família de Ian.

— Quero morar com minha mãe, Logan. — Deu de ombros. — Eles disseram que vou poder visitar meu pai todos os finais de semana.

Concordei com a cabeça. Eu já sabia que, no começo, Ian passaria muitos finais de semanas com seu pai, mas depois de um tempo seu pai iria se mudar para outro estado por causa do trabalho e então eles passariam a se ver com muito menos frequência.

Durante o resto do caminho conversamos sobre — definitivamente nada! — mais games. Então, para minha alegria, o ônibus parou e eu soube onde estava e para onde deveria ir. As palavras de meu pai ecoaram em minha cabeça, afirmando que eu estava no lugar certo.

Tinham me dito que o prédio em que eu deveria apresentar meu trabalho havia sido construído e inaugurado há muito pouco tempo, então tudo era muito lindo. Ficava naquela rua que nós gostávamos de ir comprar os seus tênis de basquete, lembra? Isso foi quando você ainda gostava de esportes...

Descemos do ônibus e começamos a andar pela rua, meus olhos procuravam por prédios com aparência de recém-inaugurados. Ian me seguia sem falar nada e ficava parando em frente às vitrines das lojas para admirar os tênis. Avistei um edifício enorme, todo espelhado e cheio de janelas, no final da rua.

— Ok, temos que combinar uma coisa — falei para meu amigo, tirando-o da frente de uma loja. — Algum segurança ou uma recepcionista vai nos abordar quando chegarmos, então vamos ter que pensar em alguma coisa convincente.

Ian cerrou os olhos.

— Você não tinha que falar com seu pai? — ele questionou.

— Acabei de lembrar que ele não está aí, mas preciso fazer outra coisa neste lugar, então você só necessita me seguir e concordar com o que eu falar, tudo bem? — O que tinha dito não era mentira.

— Eu nem deveria ter vindo tão longe com você, Logan, meus pais não sabem disso, então não podemos nos meter em confusão, tá? — Ian falou rápido.

— Você não queria jogar *GTA*? Vai ser quase isso. Só

não vamos sair roubando carros e atirando nas pessoas, mas vai ser.... hã... vai ser uma nova aventura para você.

— Mas no videogame não é de verdade, cara. — Apesar de tudo, ele riu. — Se eu ficar de castigo, eu te arrasto junto.

— Prometo que você não vai ficar de castigo.

— Então deixa que eu falo com a recepção — afirmou, confiante.

Caminhamos até o final da rua e ficamos frente a frente com o edifício. De perto ele era ainda maior e dava a impressão de que conseguia tocar o céu. Passamos pelas portas automáticas e o ar-condicionado aliviou o calor que estávamos sentindo com aqueles uniformes. Um cara usando um chapéu engraçado balançou a cabeça em nossa direção, nos cumprimentando, enquanto andávamos em direção à mesa da recepção.

Uma mulher morena, que não parecia ter mais de vinte anos, estava atendendo aos telefones.

— Edifício San Francisco, boa tarde. Sim, vou transferir.

Chegamos mais perto da mesa e esperamos até que a recepcionista terminasse a ligação, mas tudo o que fez foi desligar o telefone e atender outro.

— Edifício San Francisco, boa tarde. Claro, posso fazer isso. Ele volta às seis. Tudo bem, vou transferir.

Ela apertou dois botões no telefone e desligou, mas então outro telefone tocou atrás dela.

— Você disse que seu pai não estaria aqui — afirmou meu amigo.

Balancei a cabeça, confirmando, enquanto me virava para encará-lo.

— Mas ele acabou de passar pela porta. — Ian apontou para a porta de entrada do hall onde meu pai havia acabado de entrar. Estava vestindo terno e tinha uma pasta cinza em uma das mãos enquanto segurava um copo de café na outra, parecia atrasado.

— Por aqui — falei baixo para Ian.

Andamos rápido até o sofá e nos sentamos, folheando um jornal. Meu pai não podia me ver ali. Sutilmente, segui seus passos com os olhos. Ele parou na mesma mesa de recepção, na qual eu e Ian estávamos esperando antes, e colocou o copo de café sobre ela. A recepcionista desligou o telefone e olhou com pouco caso para meu pai, que lhe disse alguma coisa que não consegui entender. Ela assentiu com a cabeça e pegou o telefone novamente, falou por alguns segundos enquanto meu pai esperava e fez um gesto com a mão esquerda, dizendo para que a seguisse pelo elevador.

— Por que estamos nos escondendo, L? — falou Ian com a voz brava.

— Não faça nada até eu voltar — rebati.

Andei de volta até a mesa da recepção.

— Com licença, você pode me... — comecei.

— Edifício San Francisco, boa tarde. — A recepcionista ainda estava ao telefone, ia ser mais difícil do que eu imaginava. — Tudo bem, vou transferir.

Revirei os olhos e olhei para Ian, que não estava mais sentado no sofá. Olhei em volta para procurá-lo, porque ele era meu melhor amigo, mas estava na forma de uma criança de dez anos.

O hall do prédio era grande e sofisticado. Havia um sofá de couro marrom de seis lugares em cada ponta do lugar, quadros de paisagens e vistas aéreas de algumas cidades junto com vasos de cristal decorados com flores brancas. Dois seguranças enormes estavam parados perto de duas catracas logo atrás da mesa da recepção e, do lado, havia um aparador meio *vintage* que servia café, chá, água e alguns biscoitos. Encontrei Ian em um dos cantos da sala, conversando com uma mulher de estatura baixa, com os cabelos presos em um coque de lado, tinha um vestido reto vermelho e, apesar do calor, um blazer curto preto.

Andei até os dois, a mulher pareceu notar minha presença, porque parou de falar, me olhando com os olhos delicados e inclinando a cabeça para o lado.

— Aí está ele — disse Ian, apontando em minha direção. — Eu estava falando para a Hanna, Logan, que você é daltônico e que precisamos subir para falar com uma pessoa.

Olhei indignado para Ian. *Daltônico, de onde ele havia tirado aquilo?*

— É verdade, querido? — disse Hanna, colocando a mão sobre o coração, com dó.

A ideia de Ian não era, de fato, horrível. Talvez pudesse nos ajudar, então entrei na brincadeira.

— É verdade — falei cabisbaixo, tentando parecer triste. — Às vezes olho para o semáforo e penso: vou ou não vou?

Ela franziu a testa e colocou a mão em meu ombro, olhando para Ian.

— Ian, diga a ele que sinto muito.

Meu amigo abriu a boca para dizer algo, mas eu o interrompi.

— Ei! — tentei parecer ofendido. — Sou daltônico, não surdo. Eu te escuto, só não sei qual cor fica bem em você.

Hanna riu, sem graça.

— Ah, querido, me desculpe.

— Tá — falei, revirando os olhos, querendo não rir.

Ian me olhou com cara feia, me repreendendo, como se estivesse dizendo: *seja mais convincente!*

— Como posso ajudar vocês dois? — perguntou Hanna, ainda sem graça.

— Estamos fazendo um trabalho para a escola e temos que entrevistar uma pessoa que trabalhe na área de pesquisas que influenciam no mundo da ciência — falou Ian, confiante. — Você pode nos ajudar?

— É claro que sim — disse ela. — Eu estava saindo para o almoço, mas posso ficar por mais um tempinho.

— Mas… — começou Ian, com os olhos fixos em mim como se quisesse me dizer que não sabia mais o que falar.

— É que eu conheço uma pessoa que trabalha aqui e nós queríamos fazer a entrevista com ela. — Respirei fundo e dei continuação ao que meu amigo falara, ele havia sido muito inteligente até agora. — Sabe como é, nossos pais dizem que não podemos falar com estranhos e, sem querer ofender, mas não conhecemos você. Por isso que eu acho melhor fazermos essa entrevista com alguém que já conhecemos. Ela se chama Sofia.

Hanna abriu a boca, pensando.

— A sorte de vocês é que só existe uma Sofia que trabalha aqui. Ela é minha amiga — falou Hanna. — Mas eu posso perguntar… De onde se conhecem?

Desviei o olhar para ganhar mais tempo.

— Ela conhece meu pai — disse por fim, o que não era exatamente uma mentira, já que eles ainda se *conheceriam*, no caso.

— Tudo bem, então — ela falou. — Eu vou mandar chamá-la.

Hanna não esperou resposta, apenas caminhou até a mesa da recepção e falou com uma das atendentes. Depois ela acenou com a mão para Ian e para mim e saiu, batendo os saltos, pela porta que entramos.

— Quem é Sofia? — perguntou Ian.

— Uma amiga do meu pai, já disse — respondi, me sentando no sofá.

— Mas o que você quer com ela?

— Eu não sei bem — respondi sinceramente.

Eu não sabia o que fazer. Tinha que arranjar um jeito de fazer com que ela e meu pai não se conhecessem.

Um dos seguranças que estava posicionado na entrada, antes, agora estava andando em nossa direção, com a mão esquerda no ouvido. Ele assentiu brevemente para si mesmo enquanto andava.

— Você é Logan, o garoto daltônico? — ele falou em uma voz firme quando chegou mais perto.

Eu apenas balancei minha cabeça, confirmando.

— A Srta. Hanna acabou de sair para o almoço, mas antes pediu para que os acompanhasse até a sala da Srta. Sofia — disse, colocando uma das mãos atrás de minhas costas, me empurrando para frente. Ian andou ao meu lado até o elevador. O segurança esperou até as portas do elevador se abrirem, apertou o botão do oitavo andar e disse: — Ela está esperando vocês em sua sala. É a segunda porta à direita. — Ele saiu do elevador e murmurou algo que não consegui entender enquanto as portas se fechavam.

Não liguei para o que ele disse, então me virei e olhei para o espelho. Quando as portas se abriram novamente, andei sem hesitar. Havia uma mesa de recepção no meio do hall em que o elevador nos levou. Três pequenos sofás e duas poltronas que combinavam estavam ocupados por várias pessoas vestindo roupas sociais e segurando envelopes de papel pardo. Cruzei os dedos para que nenhuma daquelas pessoas fosse o meu pai ou alguém que o conhecesse.

Ian olhava ao redor com cara de desentendido. Caminhei até metade do hall e olhei para os lados, procurando a sala de Sofia.

— Posso ajudar? — perguntou a recepcionista, com o nariz torcido.

— Para que lado fica a sala da Sofia? — perguntei inocentemente, como faria se realmente tivesse a mente de alguém de dez anos.

— Ela está em reunião — ela respondeu com uma voz irritante. — Quem deixou vocês subirem? Isso aqui é um lugar restrito para crianças.

Bufei com raiva.

— Fui eu quem os convidou — falou uma voz macia vindo de trás da minha cabeça.

Os olhos da recepcionista vacilaram e seus lábios tremeram de vergonha. Então virei meu corpo para ver o rosto da pessoa que eu já tinha conhecimento de quem era. Sofia tinha os cabelos ruivos em camadas onduladas, assim como meu pai falou, a pele clara contrastando com seus olhos castanhos. Vestia uma saia lápis cinza e uma camisa azul de seda.

Ela começou a andar em direção a um corredor, então eu e Ian a seguimos até ela parar em frente a uma porta e abri-la. A sala era clara e arejada, com leves cortinas brancas, as paredes eram de um cinza tão claro que quase chegavam a serem brancas, havia um tapete de camurça rosa claro no chão e, sobre ele, uma alta luminária moderna amarela. No centro da sala, a mesa de Sofia era decorada com alguns porta-retratos com rostos sorridentes e estava lotada de pastas totalmente organizadas e papéis sobrepostos uns pelos outros.

Sofia andou calmamente até sua poltrona e estendeu a mão, apontando para as cadeiras estofadas que combinavam com o papel de parede rosa claro. Sentei-me na ponta da cadeira, não queria demorar muito tempo.

— Vocês querem fazer uma entrevista para a escola, certo? — ela falou sorridente, se reclinando na poltrona. — Minha amiga disse que se ofereceu para ser entrevistada, mas vocês recusaram, dizendo que não a conheciam. É verdade?

Sofia estava rindo, como se aquilo fosse a coisa mais engraçada do mundo.

— É. — Riu Ian, sentando-se na poltrona ao lado da minha.

— Bom, eu tenho exatamente sete minutos para conversar com vocês. Depois vou entrar em reunião.

— Então vamos às perguntas. — Tentei sorrir.

Ela deu de ombros, rindo graciosamente. O que me deixou bem irritado, para falar a verdade. Sofia era realmente muito bonita e educada.

— Com o que exatamente você trabalha? — disse Ian, parecendo concentrado. Ele havia pegado um caderno e uma caneta em sua mochila e estava prestes a escrever o que Sofia diria a seguir. Estava fazendo um ótimo trabalho como ator, então tentei não rir quando Sofia cerrou os olhos e falou:

— Vocês estão querendo fazer uma entrevista comigo e nem sequer sabem em que área eu trabalho?

Ian me lançou um olhar de quem tem poucos amigos.

— É que não tínhamos um tema obrigatório. A única regra era entrevistar alguém com influência em sua empresa — tentei consertar.

— Você é muito inteligente. — Ela riu. — Eu sou a supervisora da área de telecomunicações da empresa. Cuido para que nenhum dos meus funcionários se metam em encrencas e faço com que eles exerçam um bom trabalho.

— Se metam em encrencas e faço...? — Ian parou de escrever e olhou para Sofia, que sorriu e completou a frase.

— Faço com que eles exerçam um bom trabalho.

Ele escreveu o resto da resposta no caderno e balançou a cabeça.

— Você já brigou com algum funcionário? — perguntou meu amigo, aparentando estar realmente muito interessado.

— Sim, uma vez, apenas. Foram dois funcionários. — Ela gargalhou. — Eu não queria puni-los, porque, para mim, eles estavam com seus direitos, mas o conselho me obrigou a fazer aquilo. Foi muito engraçado, para falar a verdade. Eu não gosto de brigar com as pessoas, ainda mais quando concordo com elas, mas foi engraçado me ouvir falando aquilo e vendo a cara de desentendimento deles. Eles sabiam como eu era alegre, então foi muito estranho me ver tentando fingir que estava brava. Só que tive que me conter e resolver as coisas entre eles.

— Como foi? — Ian continuou a entrevista.

— Fui até eles e disse que precisava conversar com os dois... — ela começou.

— Não, não... — interrompeu Ian. — Como foi ter de se conter e resolver as coisas? Você teve que fingir ser alguém que não é.

Sofia inclinou a cabeça.

— Eu nunca tinha pensado nisso desta maneira — afirmou. — Eu sou uma pessoa muito alegre, mas há alguns momentos na vida em que temos que deixar as brincadeiras de lado e começar a viver como adultos. Não gosto de pensar que fingi ser alguém que não sou para enfrentar meus funcionários...

— Mas foi isso que aconteceu, não foi? — Ian retrucou.

— Sim. Você acabou de me mostrar que eu... errei. — Sofia fitou as folhas de papel em sua mesa organizada. — Gostaria que as pessoas mostrassem suas verdadeiras faces. É tão sujo fingir ser alguém que não é para tirar proveito da humildade dos outros. Sei que lidamos com seres humanos e é por ser "humana" que, ao errar, me corrijo sempre.

Ela se levantou de sua poltrona e reconheceu:

— Você acabou de me mostrar que eu fiz uma das coisas que mais odeio, Ian — falou com olhos suaves. — Muitas pessoas me enganaram em minha vida, mentiram para mim enquanto fingiam ser pessoas que, na verdade, não eram. — Sofia caminhou até a cadeira onde meu amigo estava sentado. — Sei que o que eu fiz não foi muito grave, quer dizer, apenas tentei me comportar como outra empresária qualquer, com sigilo e respeito, mas também sei que essa é uma das coisas que eu menos suporto e não quero que nem um pingo disso saia ou *entre* em mim. E é por isso que irei até o andar de baixo pedir desculpas para aqueles dois funcionários.

— Queria que minha mãe pensasse como você — sussurrou ele, cabisbaixo.

Suspirei, mas não disse nada. Eu sabia o que havia acontecido entre os pais de Ian para que quisessem se divorciar. A mãe dele havia omitido uma parte de sua vida por muito tempo, mas então o pai de Ian descobriu alguns detalhes e resolveu que seria melhor se eles se separassem.

— O que houve? — perguntou Sofia, se inclinando para tocar no braço do meu amigo.

Ele balançou a cabeça, negando.

— Gostaria que minha mãe não tivesse mentido para mim e para meu pai, agora eles estão se divorciando.

— Ah, querido, eu sinto muito. — Ela passou a mão nas costas de Ian. — Mas não devemos questionar os erros de nossos pais, tudo bem? Na maioria das vezes, eles só os cometem para proteger seus filhos.

Meu amigo apertou os lábios, não querendo contar mais nada.

— Sei que prometi uma entrevista para vocês... — Sofia se endireitou, olhando para seu relógio. — ... mas tenho uma reunião agora. Me desculpem.

— Não! — deixei escapar.

Ela me olhou com curiosidade, como se tivesse tomado conhecimento da minha existência só agora.

— Você... Você prometeu uma entrevista para nós... — tentei.

Sofia não podia estar naquela reunião. Seria quando ela conheceria meu pai.

— Podemos marcar para amanhã. Eu falo com minha secretária. — Ela me olhou com os olhos gentis.

— Precisamos entregar o trabalho amanhã na escola — falei, tentando parecer triste e inocente. — Eu e Ian já havíamos contado para todo mundo que íamos fazer a melhor entrevista de todas...

— Me desculpem, mas eu tenho uma reunião importante — ela lembrou.

— Tudo bem! — Eu já havia ouvido falar em psicologia reversa.

Ela sorriu e começou a andar em direção à porta. Droga! Olhei para Ian, ele estava guardando seu caderno dentro da mochila, quando me viu, implorei ajuda com os olhos e, por sorte, ele entendeu.

— Pensei que você fosse se desculpar com aqueles caras — disse meu amigo.

Sofia parou de andar e lançou um olhar enviesado para ele.

— Eu vou, sim. Só que agora tenho essa reunião — ela se desculpou novamente.

— Você não pode fazer isso — me precipitei. — Veja só o que aconteceu com os pais de Ian, eles se separaram. Vai se arrepender de adiar o inevitável.

— Você tem razão. — Ela balançou a cabeça. — A reunião é importante, mas não para mim. Querem vir comigo até o andar de baixo? Para verem que, realmente, pedirei desculpas?

Sofia abriu a porta e esperou até que eu e Ian saíssemos da sala, então a fechou atrás de si. Ela andou até a mesa da recepção no hall e falou algo, depois caminhou de volta até nós.

— Eu gostaria de ir, sim, mas não posso — foi Ian quem falou. — Minha mãe está me esperando em casa.

— Eu entendo. — Ela sorriu.

— Mas eu posso ficar. Vou com você. — Eu não podia ir embora, Sofia poderia ir à reunião se eu não estivesse com ela.

— Logan — disse Ian, me olhando cautelosamente.

Fechei os olhos. Não poderia deixar Ian voltar sozinho para casa. Ele ainda era uma criança e, embora eu estivesse no corpo de uma, não o era.

— Querido.. — Sofia colocou uma das mãos em meu ombro. — ... vá para casa com Ian. É perigoso andar sozinho por aí e já está ficando tarde. Podemos marcar a entrevista para outro dia, se você quiser, eu ligo para sua escola e digo que houve um imprevisto e não deu para concluí-la, então vocês poderão entregar o trabalho depois.

Ian concordou com a cabeça, ao meu lado.

— Mas...

— Quanto aos meus funcionários, não se preocupem. Eu acabei de avisar à minha secretária que não poderei comparecer à reunião. — Sofia começou a andar e nós a seguimos, ela parou na frente do elevador e apertou o botão, fazendo com que as portas se abrissem. — Amei conhecer vocês dois, obrigada!

— Gostei de você — disse Ian, entrando no elevador.

Eu apenas sorri e fui atrás dele, quando me virei para dizer alguma coisa, as portas se fecharam e o elevador começou a descer.

— Isso foi legal! — falou Ian quando saímos pela porta do Edifício.

Eu ri.

— Mas agora você vai me explicar o que está acontecendo — disse, convicto. — Quer dizer, se eu não fosse tão inteligente e você não fosse tão bom ator, nós poderíamos ter sido pegos e.... Nossa, a gente ia estar ferrado!

— A nossa sorte é que somos bons no que fazemos. — Ri de novo.

— Não, cara, agora é sério. — Ele se sentou no banco do ponto de ônibus. — O que estávamos fazendo?

Ponderei minhas alternativas.

Eu poderia ser franco com Ian. Era só disfarçar a verdade com ironia. Ou podia mentir para meu melhor amigo. Decidi que ele merecia a verdade, já que tantas pessoas em sua vida já haviam mentido tantas vezes. Talvez ele nem acreditasse na verdade.

— Você não vai entender — falei, me sentando ao seu lado no banco.

Estávamos sozinhos no ponto de ônibus e o dia estava indo embora, deixando para trás apenas alguns raios de sol no céu coberto de nuvens.

— Cala a boca, eu sou muito mais inteligente que você — rebateu, irritado.

— É verdade! — concordei rindo, porque ele realmente era muito mais inteligente que eu.

Ele arqueou as sobrancelhas.

— Eu posso viajar no tempo — disse de olhos fechados para não ver a cara confusa de meu amigo.

Mas, ao contrário do que pensei, Ian explodiu em gargalhadas.

— É por isso que eu sou seu amigo. Me sinto muito mais normal ao seu lado — debochou.

Eu ri também.

— Eu também não consigo entender *como*, mas é verdade. — Dei de ombros.

— Tá. — Riu.

— Na verdade, eu tenho dezessete anos. — Já que eu

estava sendo sincero, por que não acabar com tudo de uma só vez? — Eu voltei para essa época porque precisava consertar uma coisa. Acontece que não posso contar o que é, porque, senão, você poderia mudar o futuro.

Ian gargalhou por mais alguns segundos e falou:

— Cara, você está assistindo muitos filmes de ficção científica.

— Estou falando sério. — Revirei os olhos, mas não consegui conter a risada.

O ônibus parou na nossa frente e abriu suas portas duplas. Eu e Ian entramos e nos sentamos no fundo, como sempre.

— Vamos combinar em um ponto... — falou ele quando o ônibus começou a se mover. — Você tem que matar o Hitler.

— O quê? — perguntei perplexo.

— É o básico das viagens no tempo. Você tem que matar o Hitler — repetiu rindo dessa vez, mostrando que estava zoando com a minha cara.

— Ah, claro — entrei na brincadeira. — Só que eu não falo alemão, então já era.

— Foi por isso que Deus criou o Google tradutor, L. — Ele riu.

— Só que não tinha Wi-Fi em 1939.

Meu amigo gargalhou, mostrando que não havia acreditado, de fato, em mim — o que, na verdade, era um alívio.

Era muito difícil irritar minha mãe. Ela sempre estava de bom humor e rindo de tudo, vendo as melhores características em qualquer pessoa e ignorando seus defeitos. Ela conseguia ver beleza até em uma lata de refrigerante amassada. No entanto, eu consegui fazê-la ficar muito brava naquele dia.

Quando abri a porta, me deparei com ela de braços cruzados e com cara de poucos amigos.

— Onde você estava, Logan?

Eu podia ter dezessete anos por dentro, mas ainda não sabia o que fazer quando minha mãe ficava brava e me chamava de "Logan". Normalmente ela apenas me chamava de "L", então era um mau sinal ouvi-la falar o meu nome e não meu apelido.

— Na casa de Ian — falei baixo, porque ela sempre sabia quando eu mentia. — Jogando

Minha mãe arqueou as sobrancelhas e descruzou os braços.

— Sabe que horas são?

— Hora de aventura? — Não resisti, porque, até onde eu sabia, ainda tinha dez anos.

Ela abriu a boca para falar algo, mas então a fechou novamente.

— Hora de você subir e arrumar seu quarto, não dá nem para eu abrir a porta. Depois vá se lavar para jantarmos.

Sabia que minha mãe ficava muito mais feliz quando eu tirava notas altas em alguma matéria na escola, então, quando estava subindo as escadas, menti:

— Tirei B+ na prova ortográfica hoje.

Minha mãe girou o corpo para me olhar e suspirou.

— Hoje em dia tudo tem corretor ortográfico. — Ao

final da frase, ela tentou conter a risada e, quando viu que não conseguiria, andou em direção à cozinha.

    Subi o resto das escadas e entrei no meu quarto. Estava realmente muito bagunçado, mas eu não precisava arrumar. Eu estava muito ansioso para descobrir se meu plano havia dado certo ou não, então peguei a cartela prateada em meu bolso e destaquei uma das pílulas vermelhas. Abri minha mochila e tirei um caderno de dentro, o abri e escrevi a data que queria na folha, então coloquei a pílula na boca e fiquei parado enquanto tudo se movia dentro do meu quarto.

Netflix
27 de janeiro de 2016

> "Às vezes, coisas boas dão errado para que coisas melhores possam dar certo."
>
> (Barney, How I Met Your Mother)

Pisquei algumas vezes para clarear minha visão. Percebi que estava sentado no sofá da sala de estar da minha casa. A televisão estava desligada e as luzes, apagadas, então me levantei do sofá, andei até o interruptor e as acendi. Olhei para o relógio na parede e me assustei ao perceber que não era noite — ainda eram 16h00. —, mas as cortinas estavam totalmente fechadas, causando a escuridão dentro de casa. Então fui até as janelas e afastei as cortinas, deixando os raios de sol entrarem em casa.

Pelas janelas francesas de vidro eu conseguia ver os carros na rua e as pessoas falando ao celular enquanto outras passeavam com os cachorros. Uma mulher com os cabelos loiros até a cintura passou pela frente da minha casa, apressada, enquanto empurrava um carrinho de bebê, fazendo com que me lembrasse de Olivia.

Então foi como se um buraco tivesse sido aberto em meu peito. De repente senti um vazio dentro de mim, como se alguma coisa faltasse em minha vida. Eu estava com saudade de Olivia, talvez ela não estivesse com saudade de mim, já que provavelmente havíamos nos visto no presente, mas eu quase não conseguia *respirar*.

Um barulho no andar de cima me chamou a atenção, fazendo-me desviar dos pensamentos em Olivia. Atravessei a sala de estar, subi as escadas e continuei andando até o final do corredor, onde encontrei minha mãe em seu quarto. Ela estava deitada na cama, com o notebook apoiado no colo.

— Oi — ela disse, apertando uma tecla do notebook.

— O que está fazendo?

— *Netflix*. — Ela deu de ombros, assumindo o vício pelas séries.

Eu ri.

— Cadê me pai? — questionei, fechando os olhos com força. Se ela soubesse onde meu pai estava, então teria dado certo, mas se não soubesse...

— Que pergunta é essa? — Ela riu.

Esperei sem dizer nada.

— Ele deve estar na casa dele, Logan. Como vou saber?

— Na casa dele? — sussurrei para mim mesmo. *Droga*! Como foi possível não ter funcionado? Eu não havia mudado o futuro dos meus pais e agora eles estavam separados e morando em casas diferentes.

Não esperei pela resposta de minha mãe, apenas virei-me e saí do quarto. Desci as escadas, corri até a garagem e entrei em meu carro. Eu precisava falar com a única pessoa que poderia me entender no momento: meu pai — mesmo que *ele* fosse o motivo daquilo tudo.

Por mais estranho que pudesse parecer, eu sabia onde ficava a casa dele. Então não pensei, apenas dirigi o mais rápido possível e atravessei os cruzamentos enquanto os semáforos ainda piscavam em vermelho até chegar em sua casa.

Estacionei o carro na frente da casa amarela e saí do carro, batendo a porta com força. Estava com raiva. Eu havia planejado tudo e, no final, não havia funcionado. Toquei a campainha e esperei de braços cruzados até meu pai abrir a porta.

— Logan — disse ele animado, se aproximando para me abraçar.

— Oi — foi tudo o que consegui dizer naquele momento.

Ele deu dois passos para trás e abriu espaço para que eu entrasse na casa. Por dentro, o lugar se parecia com o porão que ele tinha usado como laboratório quando ainda vivia com minha mãe. Havia pó para todos os lados, pôsteres de química comparando o tamanho dos elétrons com o tamanho dos átomos e comparando os átomos com uma bola de tênis, e papeis amassados e enfileirados pelos cantos.

— O que veio fazer aqui? — perguntou, alegre.

— Te perguntar uma coisa. — Soltei o ar.

Meu pai, que antes estava rindo, agora andava em minha direção e me olhava com os olhos confusos.

— Eu fui para dois mil e oito.

— Ah! — Os ombros do meu pai caíram em desânimo.

— E eu cuidei de tudo — expliquei. — Mas, então, quando voltei, percebi que nada havia mudado.

Meu pai não respondeu.

— É sério, pai. Como pôde ter acontecido isso? Eu fiz tudo certo. Fiz com que você e Sofia não se conhecessem.

— Esqueça isso, Logan. Tudo já está resolvido, nada precisa mudar.

Fazia sentido o que ele havia dito.

— Eu decidi que faria com que você não conhecesse Sofia porque, então, você não trairia minha mãe e, no final, ela não sofreria. — Balancei a cabeça, tentando entender o que eu havia feito de errado no passado para não afetar o futuro. — Quando vi minha mãe... Foi horrível... ela estava chorando. Eu fiquei com tanta... Com tanta raiva de você, que tudo o que consegui pensar naquele momento foi nas pílulas. Eu tinha certeza de que quando chegasse vocês estariam bem.

— Você sabe que nunca foi o meu objetivo fazer sua mãe sofrer. Pelo contrário, ela é minha pessoa favorita no mundo, não queria decepcioná-la. Só que coisas acontecem, eu já te falei isso — falou, sem saber onde pousar os olhos.

— Tá, isso eu já entendi — adiantei. — Mas não entendo *por que* não deu certo.

— O que você tentou fazer para que eu não a conhecesse? — perguntou, curioso.

— Você havia me dito que tinha conhecido a Sofia quando ela te ajudou com o projetor em uma apresentação. Então fiz com que ela não fosse para a reunião de apresentação, assim não te ajudaria com o projetor e não te conheceria — expliquei. — Ela havia jurado que não iria para a reunião, mas pelo visto mentiu.

Meu pai cerrou os olhos.

— No dia em que a conheci, eu havia feito essa apresentação, mas Sofia não estava na reunião — explicou meu pai. — Acho que o que você fez deu certo. Ela não me ajudou com o projetor, então não me conheceu naquele momento, mas no mesmo dia. Quando eu havia acabado de sair do edifício, uma ruiva apressada esbarrou em mim sem querer. Então eu a conheci.

Ah, meu Deus!

— Então quer dizer que o que eu fiz deu certo, mas mesmo assim vocês se conheceram e se apaixonaram?

— Todos sabem que eu não acredito nessas coisas, mas talvez fosse o destino, L. — Meu pai se sentou no sofá e cruzou as pernas, pensativo. Sentei-me ao seu lado e esperei que continuasse. — Talvez eu estivesse predestinado a conhecê-la.

Respirei fundo. Eu entendia o que ele estava me dizendo. Foi assim comigo, quando conheci Olivia. Um momento inoportuno, mas preciso. Tão preciso que foi capaz de mudar todo o curso da minha vida.

De vez em quando algumas coisas acontecem muito rápido e saem do padrão do qual faziam parte antes.

— Então acho melhor eu me acostumar a ver meus pais separados. — Suspirei.

— Sim — ele assentiu. — Na maioria das vezes, somos nós quem erramos, mas entendi que há momentos que têm tudo para formar uma vida perfeita, mas mudam porque esse tal de destino quer.

— O destino sempre ferra com a gente. — Eu ri.

— Talvez comigo, mas não com você.

Olhei para meu pai, confuso.

— O que quer dizer?

Ele respirou fundo, como se estivesse se preparando para um discurso.

— Eu nunca havia usado essas... Essas pílulas. Havia as deixado para você, já que estava se dando tão bem e não tinha causado nenhum dano nas linhas do tempo. Quer dizer, o que você estragava, consertava depois, então estava ótimo.

Aquiesci, dizendo para ele continuar.

— Mas quando você desistiu delas, as deixou em casa e foi para outro estado... Bom, eu as encontrei e fiquei *curioso*. Queria saber como funcionavam. E como eu não me arriscaria em ir para o passado, já que poderia comprometer o presente, decidi ir para o futuro. Eu vi muitas coisas boas. — Sorriu, mas então parou de falar, não encontrando as palavras certas. — Só que também encontrei coisas não *tão* boas.

— Que tipo de coisas não tão boas? — questionei.

— Você sabe que não posso te contar, Logan.

— Então qual é a finalidade disto se eu não posso saber?

Ele apoiou as costas no sofá e bufou.

— Você não entende? O conhecimento do futuro não lhe traz nenhuma vantagem. Ao contrário, quanto mais conhece o futuro, mais ele se afasta do futuro que conhece.

— O quê? — eu me ouvi dizer.

— Se eu te contar o que acontece, então você agirá de maneira diferente do esperado e tentará mudar o curso, então não acontecerá, realmente, o futuro que te contei. Compreende? — Ele esperou até que eu concordasse para continuar. — Não posso te contar porque há coisas que você precisa viver nesse futuro. Vai se tornar uma pessoa mais especial na vida de *outras* pessoas e vai passar por momentos muito felizes, então, se eu te contasse, esses momentos não aconteceriam. Mas, por outro lado, você precisa saber que no meio desses momentos felizes, acontecem algumas coisas... Que você tem a *chance* de mudar.

— Algo ruim — deduzi.

Meu pai balançou a cabeça, concordando.

— Em um momento entre o nosso presente e *aquele* futuro, as pílulas que eu criei irão acabar e não vou conseguir reproduzi-las, então você não terá como mudar o futuro.

Olhei para o chão, tentando encaixar todas as informações.

— E é por isso que você precisa ir para o futuro, enquanto ainda *tem* as pílulas, então você poderá consertar sua vida quando ela não estiver certa.

Como se fosse mágica, meu cérebro compreendeu o que ele havia dito. Eu precisava viajar para o futuro. Tinha que consertar algo que me deixaria abalado, enquanto ainda tinha uma maneira de consegui-lo.

— Então me diz a data, pai — falei, decidido. — Eu vou.

— Só há dois problemas nessa situação. — Ele piscou. — Você não poderá ir direto para o *dia* do acontecimento, deve ir algumas semanas antes.

— Por quê?

— Esse é o segundo problema — disse. — Você não poderá consertar o futuro e então voltar para o presente, senão tudo o que fez no futuro se perderá e não terá adiantado em nada. O que quer dizer que você deverá *permanecer* no futuro.

O quê?

— Por isso eu disse que você deve ir para algumas semanas antes do dia do acontecimento. Porque não poderá voltar atrás e viver as lembranças que não viveu realmente, só de forma hipotética. São lembranças que você *precisa* ter porque são muito importantes para você. — Meu pai me olhava com certa pena, o que, na verdade, me assustava.

— Então quer dizer que, para arrumar as coisas no futuro, eu terei que perder anos da minha vida? — perguntei, torcendo para estar errado. — Viverei esses anos perdidos apenas por lembranças em *flashes*?

— Honestamente, esse futuro do qual falamos não é tão longínquo quanto você pensa. São apenas três anos. — Deu de ombros. — Só perderá a faculdade e, para ser sincero, você não vai querer viver aquilo. Não foi muito bom...

— Três anos perdidos para eu conseguir arrumar meu futuro.

— Eu juro, L, não haverá nenhum outro problema com o qual você precisará se preocupar durantes esses anos. O seu único dilema será o que você enfrentará se decidir ir para o futuro.

Eu não tinha muita certeza daquilo. Perderia uma parte da minha vida. A faculdade, Olivia...

Mas se meu pai estava certo e não haveria nenhum outro contratempo durante esses três anos, deduzi que Olivia estaria comigo no futuro, o que me deixou bem mais aliviado.

Eu não podia ser covarde e desistir do meu futuro, teria que enfrentá-lo.

— Me fala a data, pai. — Engoli em seco.

— Sete de maio de dois mil e dezenove — falou, como se houvesse repetido a data em sua mente diversas vezes para não esquecer.

— Preciso de um papel e uma caneta.

Meu pai se inclinou e alcançou um bloquinho de notas amarelo e uma caneta preta, me entregou e me olhou com os olhos orgulhosos. Apoiei-me na mesinha de centro e escrevi a data. Tateei meus bolsos e peguei a cartela prateada, destacando uma das pílulas, então a coloquei na boca enquanto olhava para a data no papel.

Os pôsteres de química começaram a tremer nas paredes e os papéis da mesa começaram a voar. Olhei para meu pai, receoso, e recebi o melhor olhar que poderia ter naquele momento. Ele tinha orgulho de mim.

Então quando a luz branca me cegou, eu tive certeza de que estava fazendo a coisa certa.

GIOVANNA VACCARO

Ápice
07 de maio de 2019

"É QUASE COMO SE FOSSE APENAS UM SONHO. TODAS ESSAS MEMÓRIAS DE VOCÊ E DE MIM, SENDO FUNDIDAS EM UMA BRISA DE VERÃO."
(TRECHO DA MÚSICA "ON MY OWN", DE ROSS LYNCH)

Quando abri os olhos, uma sensação de felicidade tomou conta da minha mente. Meu corpo todo estava elétrico e feliz, meu cérebro *sabia* que eu estava feliz e meu coração quase não cabia dentro do peito. Eu só não sabia o porquê.

Estava em um quarto que eu nunca havia visto antes, era iluminado pela luz do sol e bem arejado, as paredes em tons de azul-claro e o chão coberto com carpete cinza claro. Não havia móveis, apenas um espelho no canto, perto da janela francesa de vidro que ia do chão até o teto — que me dava uma visão espetacular dos montes e colinas do lado de fora — e uma caixa quadrada fixa no chão, na frente do espelho, encapada com o mesmo carpete cinza. Havia um vaso com peônias brancas junto com uma jarra de vidro com água e dois copos em cima de uma penteadeira também branca.

Caminhei até o espelho e subi na caixa para ter uma visão melhor das minhas roupas. Estava vestindo um *smoking* preto sobre uma camisa branca de linho com abotoaduras douradas. Os dois primeiros botões da camisa estavam abertos e, em volta do meu pescoço, uma gravata borboleta preta solta.

Queria saber onde estava e o que fazia naquele lugar, então fui até a porta do outro lado do quarto e a abri. Havia pelo menos outras vinte pessoas andando de um canto para o outro do lado de fora do quarto onde eu estava, todas elas vestidas com *smokings*, ternos ou vestidos. Uma mulher passou por mim carregando um vaso de cristal transparente com as mesmas peônias brancas que eu tinha no quarto, ela usava um vestido verde curto e rodado com mangas frisadas e seus cabelos caíam em cachos volumosos. Entrou em um outro quarto do outro lado do salão e fechou a porta rapidamente, ao mesmo tempo que gritos femininos de felicidade ecoaram pelo hall.

Senti uma mão em meu ombro, virei-me e me deparei com Ian e um outro cara. Sorri imediatamente, pelo menos eu não estava sozinho.

— Animado? Já está tudo pronto, só precisamos ir para nossos lugares — falou meu amigo, sorridente.

— Hã... sim — menti, tentando soar como alguém que sabia exatamente o que estava acontecendo.

— Isso, é essa aí a sua fala — disse o outro cara.

Minha fala? Franzi o cenho tentando entender o que ele havia dito.

— De onde eu te conheço mesmo? — perguntei, tentando não soar indiscreto.

— Oi, eu sou Dan — falou, apertando minha mão e sorrindo.

Sorri de volta por educação. Olhei para Ian em busca de respostas, mas ele não prestou atenção em mim.

— Eu sou o.... — começou Dan, mas Ian lançou um olhar penetrante em sua direção e o interrompeu, completando a frase:

— Meu amigo.

— Nos conhecemos ontem à noite — Dan voltou a falar comigo, ignorando Ian.

— Ah, me desculpe. Eu não lembro... — falei, coçando a cabeça.

— É claro que não lembra, a noite de ontem foi tão louca que vai ser um borrão pelo resto da sua vida — falou Ian, rindo.

— Ontem? — questionei.

— Ontem foi sua... — tentou Dan.

— Ah, meu Deus, L! — gritou Ian, me empurrando pelo braço de volta para o quarto. — Está na sua hora. Tem que fazer o nó nessa gravata.

Olhei-me no espelho e tentei pensar em todas as maneiras que poderia fazer um nó na gravata, mas quando tentei, nenhuma funcionou.

— Francamente, Logan! — disse Ian, que estava andando de um lado para o outro atrás de mim com os braços cruzados. — Estamos atrasados, cara.

— Eu não consigo dar o nó. — Eu ri. — Como se faz isso?

Meu amigo chegou mais perto e levantou a gola da minha camisa, ajeitou a gravata e deu um nó, depois se afastou e mandou que eu terminasse de alinhar a camisa. Olhei novamente para o espelho, abaixei a gola da camisa e puxei as lapelas do smoking para frente.

— Pronto? — perguntou Ian.

Sacudi a cabeça, afirmando.

— Mas aonde nós vamos? — perguntei, passando a mão em meus cabelos que estavam impecáveis.

Dan chegou mais perto e se olhou no espelho, ajeitando seu smoking, apertou mais sua gravata e me olhou rindo.

— O quanto você bebeu ontem? — perguntou, gargalhando.

— A Olivia vai matar a gente se descobrir que ele não se lembra do próprio casamento — disse Ian.

Tenho certeza de que, naquele momento, eu poderia cair duro no chão. Meu casamento? Eu ia me *casar*?

— Ai, meu Deus! — sussurrei espantado.

Dan gargalhou ao meu lado.

— Ele não lembra mesmo, cara.

Eu ia me casar com a Liv. Eu tinha certeza de que um dia isso poderia acontecer, mas não fazia ideia de que seria *naquele* dia. Não estava reclamando, claro que não. O sonho de todo cara é se casar com alguém que seja como Olivia, linda, inteligente, legal… Ela é o *amor* da minha *vida*. Foi por ela que eu viajei no tempo pela primeira vez e seria por ela a última, eu tinha certeza. Eu faria qualquer coisa por ela, não importavam as consequências.

Eu me casaria com Olivia naquele dia. Foi por isso que meu pai disse para eu voltar algumas semanas antes do dia do acontecimento que mudaria o curso da minha vida. Porque meu casamento seria um marco para mim e eu precisava estar presente em carne e osso e não apenas em memórias.

Aquele dia seria o melhor dia da minha vida, eu não tinha dúvidas. Eu estava com tanta saudade. Saber que Olivia estava vestida de noiva em algum quarto próximo de onde eu estava só me deixou mais ansioso.

Não consegui conter o sorriso que se formou em meu rosto. Então era por isso que eu estava me sentindo tão vivo e tão feliz quando abri os olhos, porque, de alguma maneira, meu corpo sabia que Olivia seria minha em poucas horas.

— E aí, você tá bem? — perguntou Dan.

— Eu vou me casar com a Olivia — falei sorrindo como um bobo.

Ian e Dan balançaram a cabeça em sincronismo.

— Então vamos logo! — exclamei, alegre.

Eu não cabia em mim de tanta empolgação. Parecia que a qualquer momento poderia explodir de tanta felicidade.

Dan foi na frente e abriu a porta, nós saímos do quarto e atravessamos o hall decorativo, que agora estava livre de pessoas. Passamos por uma porta em forma de arco e fomos para o lado de fora do que eu deduzi ser uma pousada no campo.

O dia estava lindo. Não havia nenhuma nuvem no céu, o sol não estava forte nem fraco e não estava calor nem frio. Ouvi conversas vindo de trás de uma parede de árvores. Passamos pelas árvores e, quando me dei conta, já estava no altar.

Vários olhares estavam direcionados a mim, mas não me importei. Eu só conseguia pensar em Olivia.

Dan andou até os bancos e se sentou na primeira fileira ao lado de uma garota, que eu tinha certeza que era parente de Olivia. Ian deu dois tapinhas nas minhas costas e foi para o seu lugar de padrinho no canto do altar.

Olhei para frente e suspirei com a beleza daquele lugar. Não havia muitas pessoas, então contei dez bancos compridos de madeira branca de cada lado do jardim. Entre eles, havia um longo tapete branco — por onde eu já conseguia visualizar Olivia andando — com arranjos de peônias brancas. Havia pétalas de flores brancas espalhadas pela grama verde, que combinavam com as poucas flores brancas do altar. Atrás de mim, havia uma cascata de luzes brancas de LED que iluminavam os rostos dos convidados.

— Logan — sussurrou Ian.

Olhei para meu amigo.

— Está com as alianças? — Sorri ao pronunciar as palavras.

— É claro! — Ele riu, então arrancou uma peônia de um dos arranjos ao seu lado e me entregou. — Toma.

Peguei a flor e a coloquei no bolso, quando levantei a cabeça todos os convidados estavam de pé e eu consegui encontrar meus pais. Minha mãe estava usando um vestido azul celeste leve e seu cabelo estava preso, estava linda. E meu pai estava ao seu lado, usando o tradicional smoking. Minha mãe sorriu com carinho para mim enquanto meu pai piscou, me fazendo rir.

Uma música suave começou a tocar e todos os convidados olharam para a entrada do jardim. Meu coração começou a dançar dentro do peito. Quando Olivia apareceu, a sensação que tive foi que eu havia sido arrebatado. O Sr. Wolf estava ao seu lado, segurando-a pelo braço, mas eu não perdi meu tempo olhando para ele.

Olivia tinha os cabelos loiros presos em um coque de lado com alguns fios soltos sendo bagunçados pelo vento. Seu vestido era maravilhoso, simples, sem nenhum bordado ou renda, era justo até os joelhos, então o tecido se soltava e lhe dava um ar de pureza. Nas mãos ela carregava um buquê de peônias brancas, suas flores preferidas.

Mas quando pousei meus olhos no rosto de Olivia, me senti como se estivesse andando em uma montanha-russa, quando chegamos ao ápice e não queremos mais que acabe. E eu queria congelar o tempo naquele instante para poder vê-la linda daquele jeito por mais tempo. Seu rosto brilhava e a alegria era óbvia.

Tudo o que eu queria naquele momento era correr e beijar Olivia, estava me causando arrepios ter que esperá-los chegar até onde eu estava. Quando chegaram mais perto, Liv deu o sorriso mais lindo que já vi na vida e parou de andar por um segundo. Dei um passo em sua direção e o Sr. Wolf entregou a mão de sua filha para mim, depois que lhe deu um abraço.

Eu não conseguia parar de sorrir, assim como Olivia. Nós nos viramos de costas para os convidados e olhamos para o pastor. Ainda estava segurando a sua mão quando ele começou a falar:

— Senhoras e senhores, estamos aqui para testemunhar a união de Logan Moore e Olivia Wolf.

Senti os dedos de Olivia tremendo entre os meus.

— Por favor, repitam comigo... — pediu o pastor, dizendo o que deveríamos falar.

— Eu, Logan, te recebo como minha esposa. Prometo te amar sempre, respeitar e cuidar de você.

— Eu, Olivia, te recebo como meu esposo. Prometo te amar sempre, respeitar e cuidar de você.

— Na alegria e na tristeza — lembrei.

— Na saúde e na doença — completou Olivia.

— Enquanto nós vivermos.

Olivia sorriu com os olhos e só então eu percebi que não era ela quem estava tremendo.

— Olivia, você aceita Logan como seu marido? — perguntou o pastor, fazendo meu coração parar em expectativa. Ele entregou uma das alianças a Olivia.

— Aceito — ela disse, olhando no fundo dos meus olhos, como se pudesse ler minha alma. Segurou minha mão com mais força e colocou o anel em meu dedo.

— Logan, você...

— Aceito — interrompi o pastor, fazendo os olhos de Liv brilharem.

Deslizei o anel pelo dedo anelar de Liv e não esperei a permissão do pastor, eu sabia qual era o próximo passo. Soltei as mãos de Olivia e contornei sua cintura com o braço, trazendo-a para mais perto. Nossos rostos estavam a centímetros de distância um do outro e compartilhávamos do mesmo ar. Quando a beijei, Olivia pousou uma das mãos em meu ombro e a outra em meu peito, suspirando de leve e se entregando ao beijo.

De repente só ela existia — não que isso tenha sido diferente em algum outro momento. Mas *naquele* momento não havia mais nenhuma outra pessoa presente, só Olivia, fazendo com que eu me apaixonasse outra vez.

Os aplausos das pessoas fizeram com que nos separássemos, mas não tirei o braço da cintura de Olivia. Quando notei os olhos dela mais uma vez, vi que brilhavam de uma forma que eu jamais havia visto, combinando com seu sorriso tímido, lembrei-me do que meu pai tinha me dito, mas agora não importava mais.

Eu transformaria o futuro no presente e viveria ali, com Olivia, por muito tempo.

As pessoas invadiram a pista de dança, se mexendo ao ritmo da batida da música. A noite havia se formado no céu enfeitado com estrelas.

Um garçom passou por mim e me ofereceu uma taça de champanhe, que peguei de bom grado. Olivia também pegou uma, com a delicadeza de uma fada. Eu era todo sorrisos e não conseguia me desprender de Liv.

Já havíamos cumprimentado quase todos os convidados, mas a cada seis segundos uma minifila se formava em nossa frente, indicando outras pessoas com as quais deveríamos conversar por pelo menos três minutos.

Eu não fazia ideia do que poderia acontecer quando escrevi a data que meu pai me dera no papel, mas agora eu me via incapaz de parar de sorrir. Estava tão feliz por finalmente ter Olivia que nem me importei quando a sua tia me abraçou, mostrando um sorriso amarelo.

— Vocês formam um casal tão lindo — gritou Dan de longe, claramente bêbado. Ele segurava uma taça de champanhe em uma das mãos e estava com o outro braço posicionado em volta do pescoço de Ian, que estava andando com dificuldade, tentando manter-se de pé enquanto levava Dan para se sentar. Como sempre, Ian parecia preocupado.

Eu e Olivia gargalhamos quando meu amigo simplesmente soltou Dan em uma cadeira em uma mesa próxima. Ele se sentou ao lado do amigo e olhou para frente, arrumando a lapela do smoking e passando as mãos pelos cabelos.

— Quando será que ele vai nos contar? — perguntou-me Olivia, rindo.

— Nos contar o quê? — rebati, bebendo um gole de champanhe.

Olivia riu e balançou a cabeça, como se tudo fosse muito óbvio.

— Que o Dan é o namorado dele — falou ela, sentando-se na cadeira e arrumando as mangas de seu vestido.

Quase cuspi o champanhe que estava em minha boca.

— Até parece que você não havia percebido — falou. — Eu notei no mesmo instante em que conheci o Dan.

Sentei-me na cadeira ao lado e soltei um pouco o nó da gravata.

— Caramba!

— É claro que eu estava só supondo — continuou Liv —, mas quando fui ao banheiro, agora há pouco, Dan começou a conversar comigo, ele já estava meio tonto por causa do álcool, então contou tudo.

Abri minha boca, ainda mais surpreso, e Olivia gargalhou, colocando as mãos na barriga.

— Ian é gay? — mesmo com as afirmações, perguntei sem acreditar. Quer dizer, ele já havia namorado *Olivia*. Eu não fazia a mínima ideia quanto a isso. Quando percebi, estava gargalhando junto de Liv e notei que, se o meu melhor amigo seria feliz desse jeito, então eu seria feliz por vê-lo feliz. — Ai, meu Deus!

Ouvi uma taça sendo tocada com o garfo e olhei para frente, procurando de onde vinha o chamado. Meu pai estava segurando a taça e o garfo em cima de um pequeno palco enfeitado com peônias. Quando a música parou e todos os outros convidados se sentaram para prestar atenção, ele limpou a garganta e se aproximou do microfone.

— Se eu fosse um pai comum, diria todas aquelas coisas chatas que um pai tem o dever de falar no dia do casamento do filho, mas não estou a fim de parar a música por muito tempo — ele começou, fazendo todos rirem. — Achei que esse dia demoraria a chegar, mas hoje, quando acordei, foi a primeira vez que consegui, de fato, pensar em Logan como o homem que ele realmente é. Quer dizer, eu estava lá quando ele deu os primeiros passos, estava lá quando aprendeu a andar de bicicleta e a ler. Esses dois últimos, no mesmo dia, foi um dia agitado. — Ele riu. — Tenho orgulho em dizer que *não* estava lá quando ele deu o seu primeiro beijo, mas estava presente na noite em que chegou em casa eufórico e suado. Mais para frente, descobri que fora naquela noite o dia em que conheceu Olivia.

Olhei de soslaio para Liv, que estava sorridente e corada.

— Lembro o que pensei naquele momento. Achei que nunca havia visto alguém ser tão impactado ao conhecer uma garota, mas depois também conheci Olivia e o entendi. — Riu meu pai.

Entrelacei meus dedos nos de Olivia.

— Logan, não há... palavras para expressar o que estou sentindo no momento. Posso dizer que esse smoking está apertando algumas... partes estranhas em mim, mas não consigo falar quão especial é esse momento.

Eu ri com a falta de sincronia nas palavras de meu pai. Ele conseguia fazer teses e mais teses com descobertas de física, mas não conseguia falar em público sem gaguejar.

— Eu não *espero* que você seja feliz. *Sei* que será. — Ele piscou um olho para mim e eu sorri, entendendo o que ele estava querendo dizer. — E, Olivia, sei que você foi a melhor escolha que meu filho já fez na vida.

Os convidados aplaudiram enquanto meu pai descia do palco e andava até nossa mesa. Ian se levantou e caminhou até o palco, deixando Dan na mesa.

— Se eu fosse um amigo maldoso, contaria que o Logan dormiu com um golfinho roxo de pelúcia até os nove anos, mas sou um cara legal. — Todos riram.

— Golfinho de pelúcia? — cochichou Liv, rindo.

— Eu tinha nove anos. — Gargalhei.

— Então eu só quero desejar que vocês dois sejam muito felizes juntos, assim como eu sou. — Por meia fração de segundo, Ian fitou Dan, mas depois abaixou a cabeça, se recompondo. — Espero que vocês tenham dormido bastante durante esses vinte anos, porque não farão isso por um longo tempo.

— Ah, meu Deus! — Riu Olivia, me encarando.

Ian estava prestes a descer do palco quando lembrou-se de algo.

— Ah, claro. — Riu de si mesmo. — A organizadora, que eu esqueci o nome, claro, me mandou lembrar a todos que os noivos dirão algumas coisas sem graça, igual a mim e ao pai do L. — Ian gargalhou e bebeu um gole de champanhe. — Primeiro a Olivia, para tentar amenizar as coisas sem nexo que o Logan vai dizer. — E desceu do palco.

Olivia ainda ria do que meu amigo havia dito sobre mim quando soltou minha mão e levantou-se. Ela andou graciosamente pela grama até o palco.

— Oi, antes de tudo, queria agradecer pela presença de todos. — Riu. — Tudo bem. — Limpou a garganta. — Logan, de todas as pessoas no mundo, eu quis você. Eu tive a sorte de ter sido *salva* por você. Não sei o que estaria fazendo agora se não te conhecesse. Provavelmente estaria assistindo à reprise de *Gossip Girl* e tomando sorvete de chocolate. — Os convidados riram, mas eu não.

Lembrei-me de que, se ela não houvesse me conhecido, na melhor das hipóteses, estaria na SMinL e na pior... *Não queria pensar nisto, eu já havia resolvido esse problema.*

— Eu te amo como nunca imaginei que seria possível. Eu te amo todo dia e toda hora, a cada minuto de cada dia eu te amo mais e, quando acho que seria *impossível* eu te amar mais, você aparece e faz com que eu me sinta... Segura.

Olivia me olhava com um sorriso incrível nos lábios, e se eu não desviasse o olhar naquele segundo, não poderia ser julgado pelos meus impulsos. Ou poderia?

Ela desceu do palco e caminhou até a mesa, onde eu a esperava em pé. Quando se sentou, senti um frio na espinha por saber que agora eu que deveria falar alguma coisa.

Andei até o palco e ajustei o pedestal do microfone para ficar proporcional para minha altura. Fiquei com medo de falar coisas sem nexo, assim como disse Ian, então comecei devagar.

— A primeira vez que eu a vi, Liv, foi impactante. Achei que talvez você fosse maluca, mas era interessante. — Olivia gargalhou. — A partir daquele momento, eu já tinha um plano traçado em minha mente. Queria saber mais sobre você e estava decidido a descobrir, mesmo que achasse que eu era um psicopata. — Balancei a cabeça, me lembrando de quando estávamos na SMinL. — É claro que eu não descobri muitas coisas, já que todos os dias com você são algo novo para mim.

Olivia sorriu e desviou o olhar, piscando várias vezes.

— Não existe uma parte de você, sequer, que eu não ame. Eu amo cada fio de cabelo loiro que você tem, amo os pontinhos amarelos em sua íris e amo o jeito como torce o nariz quando não gosta de alguma coisa. Eu amo você, Olivia, e sempre vou amar. Não importa o que aconteça, sempre vou querer a sua felicidade, mesmo que, para isso, signifique que eu tenha que abrir mão da minha.

Enquanto descia as escadas, eu podia ouvir os aplausos, mas não ligava para eles, porque minha atenção estava inteiramente voltada para Olivia.

Odiava ficar por fora da situação, mas sempre quando eu viajava para o futuro, não sabia da maioria das coisas. Os *flashes* me lembravam sobre as questões depois de um tempo, mas ainda assim era ruim não saber.

Depois de quase todos os convidados irem embora, um flash confirmou minhas dúvidas em relação àquele lugar. Era, de fato, uma pousada, e eu e Olivia passaríamos a noite ali. Havíamos decidido que viajaríamos dali a poucas semanas, já que Liv tinha alguns compromissos com seu novo trabalho de organizadora de eventos.

— Foi tudo tão lindo, Olivia — disse minha mãe abraçando-a, ao meu lado. — Estou tão orgulhosa e tão feliz. — Ela secou sua milésima lágrima.

Meu pai a estava acompanhando. Pelo que pude perceber, eles ainda eram divorciados, claro, porém, eram grandes amigos, o que, na verdade, me deixava muito feliz.

— Estou muito feliz também — respondeu Olivia.

Havia muitas lembranças de minha mãe chorando e eu não gostava delas, mas quando ela tirou os braços de Olivia e olhou para mim com os olhos brilhando, eu gostei. Ela não chorava de tristeza, como eu me lembrava, chorava porque estava feliz por mim.

Ela chegou mais perto e me envolveu em outro abraço apertado. Depois me soltou, relutante, e caminhou até onde meu pai estava aguardando-a. Eles entraram no carro e foram embora, mostrando para mim que agora eu tinha uma outra família.

Olivia.

Olhei para Liv, assim como estava fazendo a cada cinco segundos, e notei que, pela primeira vez, estávamos sozinhos. Não havia mais convidados ou funcionários no hall. Ninguém além de Olivia e eu.

— Nós podemos subir? Meus pés estão doendo por causa dos saltos — disse Liv, um pouco corada.

— É claro! — respondi.

Atravessamos o hall e esperamos o elevador chegar. Minha mão segurava a de Olivia. O elevador apitou, sinalizando sua chegada, e entramos depressa. Olivia apertou o botão do quarto andar e começamos a subir.

Quando as portas se abriram, um longo corredor se formou em nossa frente. Antes de sair do elevador, Olivia apoiou uma das mãos na parede, ergueu a barra do vestido e tirou os sapatos.

— Bem melhor. — Ela riu, segurando-os pelo salto.

Aproximei-me dela ainda dentro do elevador e, sem mais nem menos, a peguei no colo. Desprevenida, Liv deu um gritinho enquanto ria e contornava meu pescoço com os braços.

— É o primeiro quarto, Logan, acho que eu consigo andar — falou, ainda rindo, mas apoiou sua cabeça em meu ombro.

— Não fiz isso por causa dos seus pés. — Sorri para ela.

Os olhos de Olivia brilharam quando me fitaram, mas ela não respondeu nada, apenas pousou a cabeça em meu ombro direito novamente.

Caminhei devagar até o primeiro quarto e abri a porta. Os abajures estavam ligados, mas também havia velas acesas espalhadas pela suíte. Fechei a porta e adentrei o quarto, colocando Olivia de pé na frente da cama, onde ela se sentou e colocou os saltos no chão. Andei até uma mesa que ficava perto da televisão e liguei o aparelho de som. Uma música que eu e Olivia gostávamos começou a tocar, fazendo com que eu me perguntasse quem havia escolhido a *playlist*.

Olivia se levantou da cama novamente e caminhou até mim, contornando meu pescoço com os braços e parecendo tímida, abaixou a cabeça e eu encostei meu queixo no topo de sua cabeça. Quando me dei conta, percebi que estávamos dançando no ritmo da música. Tudo estava perfeito.

A música terminou e outra começou a tocar imediatamente. Soltei Olivia e a fitei, parecia entretida com alguma coisa.

— Você dança muito mal. — Gargalhou, me fazendo rir junto, porque era verdade. Quando se tratava de dança, eu tinha dois pés esquerdos. Um segundo depois, ela parou de rir e me olhou com os olhos brilhando, deixando seu rosto com um aspecto triste pela primeira vez.

— O que foi? — perguntei, tentando soar cauteloso.

— Eu não sei — respondeu quando eu coloquei minha mão em sua bochecha. — É que estou muito feliz... — Inclinou a cabeça e pousou sua mão em cima da minha. — Não sei o que dizer.

Sorri.

— Você não precisa dizer nada.

Aproximei-me de Olivia e coloquei minha mão em sua cintura. Nossas respirações estavam entrecortadas e fora de ritmo, mas não esperei, apenas a beijei. Olivia arfou e correspondeu ao beijo com fúria, desfazendo o nó da minha gravata.

Afastei-me de Liv e dei um passo para trás. Tirei o blazer do *smoking* e o joguei longe, aproximei-me um pouco mais dela e tirei um grampo que prendia sua franja, então dei a volta e tirei mais alguns grampos da parte de trás de seu cabelo, até finalmente o soltar por inteiro, deixando-o cair em grandes ondas pelas costas. Afastei seus cabelos e os joguei para frente, deixando suas costas lisas. Então abri o primeiro botão de pérola de seu vestido.

Ouvi quando Olivia suspirou com o meu toque. Abri mais um botão e beijei o local onde o tecido cobria antes, então abri mais um botão e beijei o novo local mais uma vez. Fiz isso com todos os outros botões e, a cada centímetro de pele que ficava à mostra, meu coração saltava. O vestido caiu, formando um círculo em volta dos pés de Olivia, só então eu desabotoei minha camisa e a tirei.

Fiquei de frente para Liv novamente e notei suas bochechas ruborizadas. Joguei seus cabelos para trás de novo e voltei a beijá-la.

— Nós pertencemos um ao outro — murmurei entre os beijos.

Senti o sorriso de Olivia em meus lábios e, de repente, fui dominado pela verdade em minhas palavras. Aquele momento era tão perfeito, tão correto, que não havia dúvidas. Meus braços a envolveram, apertando-a contra mim. Podíamos sentir nossos corações batendo em nossos peitos, como se estivessem dançando dentro de nós.

Eu tinha a sensação de que cada terminação nervosa do meu corpo era um fio desencapado.

GIOVANNA VACCARO

E Se...

Peônias
28 de maio de 2019

"Nós lutamos para tentar mudar o futuro... Ou afastá-lo. Mas a dor é parte de quem somos."

(Bones)

— Ele é muito chato, L — choramingou Liv quando chegou em casa.

Gargalhei, me levantando para abraçá-la.

— Você pode rir da minha desgraça. — Cruzou os braços.

— O que aconteceu agora?

Havíamos acabado de voltar de viagem e Olivia já estava atolada no trabalho. Ela estava organizando um evento importante e seu assessor a estava irritando de uma maneira que eu achava ser impossível.

— Argh! — Ela se sentou no sofá. — Lá estava eu, resolvendo quais flores decorariam o palco quando ele chega e fala: "O que você estava pensando?"... Eu não entendi, então perguntei: "Do que está falando?"... Aí ele respondeu: "Um estagiário acabou de me informar que você escolheu peônias para decorar o hall de entrada e o palco, sendo que eu já havia dito para você reservar girassóis e petúnias."

Olivia me olhou com os olhos arregalados, indignada com o pedido do assessor, então balancei a cabeça, como se entendesse tudo sobre flores.

— Eu respondi que peônias eram minhas flores preferidas e combinavam muito mais com o tema do recital, então ele disse: "Não estamos aqui para discutir quais são suas flores preferidas, faça o que mandei e pronto." — Ela torceu o nariz de desgosto. — Em que século ele vive? Petúnias e girassóis? Que horror!

— Nossa, credo, petúnias e girassóis? Como ele ousa? — Tentei não rir. — Aposto que se você mandar que ele busque as flores, a florista vai lhe dar um tapa na cara. Porque, com certeza, pedir petúnias e girassóis é tipo um pecado nos eventos.

— Não tem graça, L, isso é sério. — Ela não riu. — Esse é o meu primeiro evento de grande porte, tenho que arrasar para que eu seja contratada por pessoas da elite. Quero organizar os eventos de que eu gosto, como recitais, eventos beneficentes e comemorações no Upper East Side. Não quero organizar festas de cinco anos para sempre.

Não havia xingamentos suficientes para eu ser classificado como uma pessoa tão idiota. Era o sonho de Liv, tinha que ajudá-la e apoiá-la.

— Eu sinto muito, não queria dizer essas coisas — tentei.

Olivia suspirou e fez um coque nos cabelos, se enterrando nas almofadas do sofá.

— Eu queria poder revidar as coisas que ele fala para mim — disse.

Apenas ri, com medo de dizer mais alguma coisa inútil.

— Deve ser muito legal ser a Nicki Minaj. Se fosse ela, quando estivesse discutindo com alguém, eu começaria a falar muito rápido em forma de rap, aí a pessoa não ia conseguir revidar e morreria. — Gargalhou Olivia, mas então parou para atender seu telefone que estava tocando.

— Sim? — atendeu. — Tudo bem, verei o que posso fazer... Acho que não posso fazer tudo isso ao mesmo tempo, não acha? — perguntou com sarcasmo. — Preciso desse evento, você não está entendo. Tá, eu busco. — Desligou, bufando.

— Já até sei quem era — falei.

— Meu assessor. — Revirou os olhos.

— O que ele disse?

Olivia bufou.

— Mandou buscar as flores, os tecidos do palco e as taças de cristal na Avery's. Preciso entregar as planilhas das apresentações e encaminhá-las por e-mail para a organização do recital e... tomar um banho, estou tão cansada.

— Eu posso te ajudar — falei.

— Não, você não precisa. Eu vou dar um jeito.

Levantei-me do sofá e puxei Olivia comigo. Olhei pela janela e o céu já havia escurecido, era sexta-feira, como podiam obrigá-la a trabalhar?

— Você vai tomar o seu banho e eu vou pedir alguma coisa para comermos — decidi. — Amanhã nós resolvemos essas outras coisas, tudo bem?

— Não posso resolver isso *só* amanhã. — Ela suspirou. — O recital é amanhã à noite, não vai dar tempo se eu deixar para amanhã.

— Já é amanhã? — perguntei surpreso.

Olivia balançou a cabeça, convicta.

— Então eu vou acordar cedo amanhã e buscar as flores, os tecidos e as taças na Avery's enquanto você termina as planilhas — concluí.

— Você faria isso por mim, L? — Ela arqueou as sobrancelhas.

— Mas é claro que sim — respondi. — Faço *qualquer* coisa por você.

Olivia sorriu, tímida.

— E você precisa organizar seus futuros eventos na Upper East Side. — Sorri.

— Eu me sinto um pouco mal em saber que não estamos aproveitando nosso casamento. Quer dizer, não faz nem um mês e já estamos fazendo coisas chatas — falou Liv, chegando mais perto.

Pisquei algumas vezes. Será que ela não percebia o quanto eu estava feliz?

— Acho que o casamento serve exatamente para isso, Liv. Eu vou te ajudar em tudo o que você precisar. Na alegria e na tristeza, lembra? — respondi.

Olivia sorriu mais uma vez, se aproximou mais um pouco e me beijou.

— Quero comida japonesa. — Ela sorriu e começou a andar em direção às escadas, me deixando sozinho na sala, pensando no quanto eu odiava comida japonesa.

A atendente da Avery's tinha os cabelos crespos e olhos acinzentados. Ela sorriu para mim quando cheguei à loja e perguntou o que eu desejava. Respondi que tinha vindo buscar as taças de cristal que seriam usadas no recital, dei todos os dados de que precisava e esperei até os dois caras levarem todas as nove caixas para o porta-malas do meu carro.

Entrei no carro e liguei o rádio. Uma música do The Weeknd começou a tocar. Olhei para o relógio e ainda eram 10h. Eu já havia buscado as flores — petúnias e girassóis, assim como o assessor de Olivia quisera, mas pedi para a florista preparar um buquê de peônias para alegrar Olivia —, as taças e agora só faltava ir buscar os tecidos do palco. Meu carro cheirava a flores, já que havia mais de mil delas ocupando os bancos de trás.

Dirigi até Jhanneth Hills, o endereço que Liv havia me dado, saí do carro e atravessei a rua, entrando em uma loja com aspecto *indie*.

— Estou aqui para pegar os tecidos que usarão no recital hoje à noite — me anunciei.

— Recital? — perguntou a atendente vestida com uma camiseta manchada de tinta. Havia um colar com o símbolo de paz e amor em seu pescoço, seus cabelos encaracolados estavam presos em um coque com dois *hashis* e seus pés estavam descalços.

— Sim. — Tentei sorrir.

A atendente caminhou suavemente até o balcão e olhou alguns arquivos mal organizados.

— Ah, sim. Tem um recital hoje à noite marcado aqui — ela confirmou. — Espere apenas um instantinho até ir buscar os tecidos.

Aquiesci e esperei até a atendente sair do meu campo de visão para olhar ao redor. Havia tapetes persas pendurados nas paredes, quadros de deuses indianos e cheiro de incenso de canela. Era um lugar estranho para se comprar tecidos para um evento da elite, pensei comigo mesmo.

A moça voltou segurando uma caixa de papelão.

— Já está pago — falou, me entregando.

Olhei em volta, procurando por mais funcionários.

— Só uma caixa? — questionei.

Ela assentiu.

— É o que está registrado.

Dei de ombros. Se o assessor de Olivia havia escolhido petúnias e girassóis para decorar o hall de entrada de um recital, por que não comprar poucos tecidos em uma loja *indie*?

Agradeci e comecei a andar em direção ao carro. Voltei a ligar o rádio e deixei-me levar pela música do Troye Sivan até chegar ao teatro, onde seria realizado o recital. Quando desci do carro, duas garotas e três garotos se prontificaram para ajudar a descarregá-lo. Peguei o buquê de peônias e a única caixa de tecidos e deixei o resto para os funcionários.

Meu telefone vibrou no meu bolso. Coloquei a caixa de tecidos no chão e peguei o celular. Era Ian.

— E aí? — falei.

— Cara, eu tô muito ferrado.

— Todos estamos — respondi, rindo. — Passei a manhã toda buscando as coisas que faltavam para o recital, lembra? Você vem, não é?

— Acho que não — disse baixo.

— O que aconteceu? — perguntei, notando a tristeza em sua voz.

Dois funcionários passaram por mim, segurando algumas caixas com taças.

— É o Dan — admitiu.

— Imaginei — eu me ouvi dizer.

Ian havia me contado sobre ele e Dan alguns dias depois do meu casamento. Eu estava feliz por ele estar feliz.

— Você pode vir aqui na minha casa para tomar alguma coisa? — perguntou.

— Eu vou perguntar a Olivia se ela precisa de mais alguma coisa e vou, ok?

— Valeu. — Então desligou.

Guardei o celular no bolso e peguei a caixa de novo. Meu carro estava vazio, andei até ele e fechei o porta-malas que havia deixado aberto e acionei o alarme. Passei pelas portas duplas do teatro e fui tomado por uma multidão de pessoas andando de um lado para o outro e gritando ordens.

— Era para isso já estar pronto, estamos atrasados! — Ouvi a voz de Olivia vindo de uma das mesas.

Ela não notou minha presença até eu colocar o buquê de peônias brancas em seu campo de visão.

— São para mim? — perguntou, surpresa.

— Imaginei que precisaria de flores bonitas quando visse as que seu assessor encomendou. São horríveis! — falei.

Liv torceu o nariz por um segundo, então cheirou as peônias e sorriu.

— Obrigada.

— Olivia! — alguém chamou.

Olhei na direção da voz. Um homem estava andando em nossa direção com uma expressão de desconforto no rosto. Ele tinha, claramente, mais de sessenta anos, porém era notável todas as plásticas artificiais que havia feito em seu rosto. Vestia um terno na cor púrpura e tinha um lenço azul enrolado no pescoço.

— Eu estou a ponto de explodir, Olivia — ele gritou para ela. — O que foi que você fez?

Olivia inclinou a cabeça e suspirou.

— O que quer dizer? — perguntou ela.

— Fui conferir as flores e as taças de cristal — ele explicou. — Só que notei que das oitocentas taças, setecentas estão quebradas.

Ai, merda, pensei, *me ferrei*.

— O que vou fazer agora? — explodiu o assessor de Olivia. — Você é inútil a ponto de quebrar mais de sete oitavos de uma remessa de taças?

— Eu... Eu não sei o que houve... — gaguejou Olivia. — Logan, o que aconteceu?

O assessor desviou seus olhos dos de Olivia e me olhou dos pés à cabeça.

— Quem é você? — disse com arrogância.

— Ele é meu marido — explicou Olivia com as mãos no rosto. — Pedi para ele ir buscar as taças na Avery's.

— Ah, ótimo! — bufou o assessor. — Então, já que o seu queridinho aí foi capaz de quebrar a remessa de taça por completo, tenho certeza que vai consertar essa proeza em menos de vinte minutos.

— Eu sinto muito — me desculpei, sentindo-me um idiota.

— Me poupe — berrou o assessor.

— *Eu* vou consertar isso. Agora — disse Olivia, trincando os dentes.

O assessor piscou algumas vezes, então saiu batendo os pés com força nos tacos de madeira do teatro.

— Olivia, me desculp... — tentei.

— Chega! — gritou.

Os olhos de Olivia estavam arregalados, seu rosto, vermelho, e seus dedos tremiam.

— Eu vou consertar isso — ela disse depois de respirar fundo. — Onde estão os tecidos do palco?

Peguei a caixa no chão.

— E o resto? — questionou.

— A atendente da loja só me deu esta caixa — expliquei.

Olivia deu uma risada nervosa.

— Não — disse calmamente. — Eu encomendei metros e mais metros de tecidos. Daria, no mínimo, sete caixas iguais a esta, Logan.

— Eu perguntei para ela se havia mais caixas, também achei estranho, mas ela negou. — Eu tinha certeza de que aquilo não acabaria bem.

— Não é possível! — gritou Olivia. — Eu... Você seguiu o endereço que eu mandei você anotar, não é?

Mordi minha bochecha.

— Eu meio que não anotei. Ouvi você dizer onde era e depois dirigi até lá. Não precisava colocar no *Waze*. — Era óbvio.

— O que você fez? — A voz dela estava trêmula.

— Mas eu não errei o caminho. Fui direto para a Jhanneth Hills.

Os olhos de Olivia faiscaram.

— Jhanneth o quê? Não era Jhanneth Hills, Logan! — berrou. — Era Jhanneth Roover!

Sussurrei um palavrão.

— Você pegou a encomenda *errada* na loja *errada*, Logan — falou entre dentes. — E ainda quebrou todas as taças. Como conseguiu fazer isso?

Droga, eu estava muito ferrado.

— Eu... Eu não sei, pensei que estivesse tudo sob controle — me expliquei.

— Tudo estava sob controle antes de eu te colocar nessa — disse Olivia. — Sabia que não podia contar com você.

— O quê? — estava boquiaberto.

— Você só se importa consigo mesmo. Esta foi a primeira vez que precisei de você para me ajudar com algo realmente importante e você estragou *tudo*!

Como ela podia dizer aquelas coisas?

— Eu não acredito no que você está falando! Tentei fazer tudo da melhor maneira possível.

— Mas não conseguiu!

— Talvez eu tenha cometido alguns erros em relação aos tecidos e às taças, mas como você pode simplesmente dizer que eu não me importo com as suas coisas? Fiz tudo o que precisava!

Um funcionário passou por nós com os olhos extremamente abertos.

— Por que está gritando? — disse Olivia, com sua voz normal pela primeira vez.

Estreitei os olhos.

— Porque eu me *importo*! — gritei, irritado. — E é isso o que as pessoas normais fazem quando elas se importam!

Não esperei pela resposta de Olivia, apenas me virei e comecei a andar em direção às portas duplas do teatro. Do lado de fora, havia começado a chover, então apressei-me em chegar ao carro.

Dirigi sem destino por algum tempo. O farol piscava em vermelho vivo e refletia no retrovisor do carro. Passei as mãos pelo cabelo, irritado. Aquela fora a nossa primeira briga depois de casados.

Segurei o volante com força até as pontas dos meus dedos ficarem brancas. Como ela havia conseguido dizer que eu não me importava?

Importar-me com Olivia era tudo o que eu conseguia fazer.

— Quem é? — perguntou a voz de Ian, saindo da caixinha do interfone.

— Sou eu — gritei por causa da chuva.

O portão tremeu e depois se abriu com um assovio. Quando subi as escadas, notei Ian me esperando no corredor com a porta entreaberta. Ele havia comprado um loft na cidade e passava a maior parte do dia trabalhando nos *designs* dos seus novos jogos.

— E aí?

Balancei a cabeça em resposta enquanto entrava no loft.

— Pensei que só eu estava com essa cara hoje — disse Ian, fechando a porta com a tranca.

Dei uma risada sem graça e me sentei no sofá.

— Parece que não.

— O que aconteceu? — ele perguntou, curioso.

Arqueei as sobrancelhas. Não estava com a mínima vontade de explicar o motivo para Ian.

— Você não tinha falado que iríamos beber? — perguntei retoricamente.

— Ah, sim! — ele se levantou, confuso.

Meu amigo andou até o balcão da cozinha e pegou uma garrafa transparente que já estava aberta e um copo usado, foi até o armário e pegou mais um para mim.

— Tenho tequila.

— Serve — falei baixo.

Meu amigo andou rápido até o sofá, apoiou os dois copos na mesinha de centro e serviu a bebida. Virei a minha de uma só vez e senti minha garganta queimar.

— Vamos brincar de quem tem a vida pior. — Riu Ian, bebericando em seu copo.

— A minha vida era perfeita até hoje de manhã.

— Então acho que eu ganho — ele respondeu.

Servi mais uma dose de tequila para mim e dei um longo gole, depois me enterrei no sofá e esperei até Ian começar sua história.

— Ontem à noite eu pedi um tempo para o Dan — começou.

— Por que fez isso?

— Não sei. — Ele deu de ombros, rindo de nervosismo. — Acho que ele não levava o nosso relacionamento tão a sério quanto eu pensei.

Senti minha garganta inflamar por causa da bebida, mas não me importei, apenas bebi mais.

— Quer dizer, ele nunca me apresentou para nenhum amigo dele, nem para a família. Isso é muito ruim, sabe? — Ele apoiou as costas no sofá e suspirou.

— Por que ele não te apresentou ainda? — Minha voz saiu embriagada.

— Bom, pelo visto, parece que ele ainda não se assumiu para os conhecidos. — Ian respirou fundo.

— Pensei que você que fosse a pessoa complicada do relacionamento.

— Era o que eu achava — respondeu.

Curvei-me em direção à mesa de centro e enchi meu copo.

— Você gosta dele?

Ian não respondeu.

— Gosta?

Meu melhor amigo balançou a cabeça freneticamente.

— Bastante — cedeu. — E, com isso, quero dizer que nunca gostei tanto assim de outra pessoa.

Pensei no que poderia responder, mas ele foi mais rápido.

— E você?

— As coisas ficaram... Complicadas. — Suspirei.

Ian tentou rir.

— Te avisei que ainda era muito cedo para casar.

— Não tem graça! — Mas acabei rindo.

— Eu sei que não tem — falou. — O que houve?

— Tentei ajudar a Liv com o recital. Ela estava atolada de trabalho e não daria para fazer todas as coisas a tempo, então decidi que buscaria as últimas encomendas — expliquei. — Só que, pelo visto, fiz tudo errado e, quando ela percebeu...

Ian se inclinou e colocou o copo na mesa.

— Mas o que você fez? Não acho que seja algo tão grave.

— Se você considera que quebrar a maioria das taças de cristal e buscar os tecidos que seriam usados para decorar o palco em uma loja *indie* não é algo grave, então estamos bem.

— Até consigo imaginar como Olivia ficou, do jeito que ela é controladora... — Gargalhou pela primeira vez.

— Foi três vezes pior. E que bom que estou te fazendo rir — falei com ironia.

— Pelo menos três não é dez. — Deu de ombros.

Notei que a garrafa de tequila já tinha esvaziado quando fui servir mais da bebida. Suspirei e me encostei ao sofá novamente.

— Acho que você não pode simplesmente desistir do Dan — afirmei, lembrando Ian do antigo assunto.

— É difícil não desistir, L — falou cabisbaixo.

— Vocês são bons juntos, cara. Não perca alguém que te faz feliz por causa do seu orgulho.

Ian arquejou.

— E ele ainda não te apresentou para a família e seus amigos, mas, cara, dê tempo ao tempo. Você, mais do que ninguém, sabe o quanto é duro ter uma família complicada e amigos que podem não entender. — Queria fazê-lo *desistir* de *desistir*.

De repente, Ian me olhou com os olhos brilhando, como se tivesse entendido o que eu queria dizer.

— Você... Você tem razão. Acho que fui injusto com ele — decidiu. — Fique aqui. Vou ligar para ele e me desculpar.

Dei um meio sorriso enquanto ele se levantava do sofá e andava até seu quarto.

— L! — Ouvi a voz de Ian.

Custei até abrir meus olhos.

— Cara, você dormiu muito. Já são 17h. Precisa voltar para casa e se arrumar para o recital — disse ele, sacudindo meus ombros.

— Eu não quero mais ir — resmunguei com a voz embargada.

— Droga! Sabia que você era fraco demais para beber — queixou-se. — É sério, levante-se agora!

— Não *posso* ir.

— Você tem que se desculpar com Olivia, Logan! — disse, bem bravo.

— Por quê? Eu não fiz nada. — Percebi o efeito da bebida em minha voz.

Ian resmungou alguma coisa que fui incapaz de entender.

— Você já deveria saber que é o homem que deve pedir desculpas, Logan, mesmo quando não está certo.

Abri os olhos.

— Eu não estou *certo* — falei —, também gritei.

— Então você tem que se levantar e ir se desculpar, Logan, que merda!

Levantei-me e pisquei algumas vezes para deixar minha visão mais nítida.

— Quer ir comigo? — perguntei.

— É claro que não — respondeu Ian, cerrando os olhos. — Até parece que vou querer ver isso. E, além disso.... Dan me disse que vai passar por aqui daqui a pouco, então é melhor você ir logo para eu limpar toda essa bagunça.

Peguei as chaves do carro na mesa de centro e andei até a porta, me despedindo dele.

Antes que pudesse perceber, estava dentro do meu carro, vendo a chuva cair pela janela. Eu precisava me desculpar com Olivia. Era horrível pensar que ela poderia estar me odiando nesse momento.

Liguei o carro e dirigi por alguns minutos. Sem música, desta vez, eu ouvia as gotas de chuva batendo no teto.

Meu telefone vibrou em meu bolso. Na tela, havia uma foto de Olivia, seus olhos estavam quase totalmente fechados por causa do grande sorriso. Ela estava me ligando, o que queria dizer que não estava chateada a ponto de nunca mais falar comigo.

— Liv? — atendi quase que desesperado.

— Você é Logan Moore? — uma voz que eu não conhecia perguntou.

— Sou eu, quem é? — perguntei, preocupado.

— Aconteceu uma coisa... — A voz que eu não conhecia me contou uma pequena história sobre o que havia acontecido, mas só consegui discernir três palavras: — O carro... Capotou.

Tudo o que consegui sentir foi meu coração afundando dentro de mim. Parecia que meus pulmões haviam inchado e agora meus olhos nadavam em lágrimas.

— Sr. Logan, venha logo, estou com Olivia na ambulância — disse a garota que se apresentou como funcionária do teatro.

Não conseguia raciocinar direito. Meus dedos tremiam.

— Estou indo — consegui dizer. — Por favor, cuide dela enquanto não chego.

Meus dentes estavam trincados.

Olivia havia batido o carro e estava desacordada. A funcionária do teatro que havia me ligado estava com ela no carro. Elas haviam ido buscar os tecidos certos para decorar o palco.

Era tudo minha culpa, eu sabia. Mas não tinha tempo algum para pensar no que fazer. Apenas troquei a marcha e dirigi até o hospital.

GIOVANNA VACCARO

Final
29 de maio de 2019

"De repente, eu não sentia mais nada. Não conseguia chorar e, mais uma vez, não conseguia dormir."
(Connor Walsh, How To Get Away With Murder)

Eu queria que o tempo passasse depressa. No entanto, fui obrigado a ver cada segundo de cada hora.

Estava sentado em uma daquelas cadeiras desconfortáveis de plástico. Tudo o que eu queria era vê-la, tocá-la. Coloquei minha cabeça entre as mãos e esperei pelo que pareceram horas.

— Sr. Moore? — alguém chamou.

Sequei meus olhos e me levantei.

— A paciente sofreu muito com a batida...

— Olivia — eu o corrigi.

O médico assentiu.

— Ela sofreu muito com o impacto da batida do carro — repetiu. — Por sorte, estava com o cinto de segurança, caso contrário, era muito provável que Olivia ultrapassasse o vidro da frente.

Meus ombros caíram.

— Eu posso vê-la? — perguntei, sentindo minhas pernas bambearem novamente.

— Ela está muito machucada, Sr. Moore — disse o

médico.

— *Quanto* ela está machucada? — perguntei com raiva.

O médico desviou o olhar e respirou fundo duas vezes.

— Olivia fraturou três costelas e seu pulmão quase foi perfurado por uma delas. Ela também teve uma concussão cerebral — explicou ele, fazendo meu coração parar de vez. — Ela não aguentaria por muito mais tempo, então a colocamos em coma induzido.

— O quê? — Minha voz falhou.

— Mesmo com o coma, ela ainda pode enfraquecer e não aguentar, Sr. Moore. Não queremos que você e os outros familiares pensem o pior, mas se a recuperação de Olivia não ocorrer... Eu sinto muito.

Não respondi ao médico, então ele se virou e saiu do meu campo de visão. Meus joelhos cederam e eu caí no chão, sem conseguir me apoiar na parede. Enterrei minha cabeça nos joelhos e parei de pensar.

Senti uma mão em meu ombro e, por um segundo, pensei que era a de Olivia e estava pronto para entender que aquilo tudo não havia passado de um sonho. Quando ergui o olhar, vi Ian, Dan, a mãe de Olivia, Isabelle e meus pais. Não me importei em vê-los ali, então abaixei minha cabeça novamente e tentei não me desesperar na frente deles.

Mas quando Ian sentou-se no chão ao meu lado e colocou sua mão em meu ombro, só consegui chorar.

Meu sonho foi composto por flashes de Olivia. Quando nos conhecemos, a época que passamos na SMinL. Havia um flash de quando descobri que ela estava namorando Ian e um de quando me declarei, falando que a amava e que faria qualquer coisa para tê-la de volta. Depois os flashes passaram depressa. Eu e Olivia na escola na noite da tempestade, a tarde do pôr do sol na casa dos pais dela em Seattle. Nosso casamento. Seu sorriso, seu olhar e sua tatuagem de pássaros.

Acordei num sobressalto, sem ar.

— Tudo bem? — perguntou Ian ainda ao meu lado, no chão.

Não respondi, com medo de debulhar-me novamente.

— Eu sinto muito, Logan.

Uma lágrima escorreu pelas minhas bochechas.

— É tudo minha culpa — falei entre dentes.

Não havia outro culpado a não ser eu. Eu havia buscado os tecidos errados, quebrado as taças. Olivia quis correr contra o tempo para consertar os estragos que fiz.

— Não fale isso — disse Ian, me olhando.

Balancei a cabeça, sem forças.

— Lembra quando tínhamos dez anos e você me levou em um edifício porque precisava falar com o seu pai e, no final, era tudo mentira e você precisava falar com aquela tal de Sofia? — sussurrou meu amigo, como se estivesse me contando um segredo. — Depois que saímos do prédio, eu finalmente perguntei o que havíamos ido fazer e você me respondeu que era porque podia viajar no tempo.

Fitei Ian. Como ele podia se lembrar disso?

— Eu queria que fosse verdade — ele terminou.

— Eu também — respondi, fechando os olhos e sabendo que podia fazer isso.

Ian pegou o celular e digitou algumas palavras.

— Que horas são?

— Duas e vinte da manhã — respondeu.

— Então por que ainda está aqui? Pensei que tivesse que ficar com o Dan hoje, eu o vi.

— Ele está aqui. Foi buscar café para nós. Eu não vou sair enquanto você ainda estiver aqui, Logan — assegurou.

— Obrigado — sussurrei.

— Dan acabou de me mandar uma mensagem. Ele está com a sua mãe e um médico acabou de dizer para eles que já podemos vê-la.

Coloquei-me de pé mais rápido do que conseguia e senti uma leve tontura por estar tanto tempo sentado no mesmo lugar, mas não me incomodei.

Por mais que Ian estivesse sendo o melhor amigo de sempre, eu não esperei para conferir se ele estava me seguindo quando virei à esquerda no corredor. Avistei uma enfermeira e me coloquei à sua frente.

— Você pode me levar até o quarto da minha esposa?

— O meu plantão acabou — resmungou ela.

Cerrei os punhos para não gritar.

— Por favor! — falei entre dentes.

— Quem é ela? — perguntou.

— Olivia... Moore.

A enfermeira focou os olhos em mim e, por um segundo, vi compaixão em seu semblante. Ela já devia saber sobre Olivia, afinal, o hospital nem era tão grande.

— Por aqui.

Engoli em seco e andei atrás da enfermeira pelo corredor. Passamos por uma porta dupla branca e então um longo corredor se formou diante de nós.

— Eu troquei o soro dela algumas vezes — disse a enfermeira enquanto andávamos pelo corredor. — Eu espero que ela melhore, de verdade.

Balancei a cabeça, sem saber o que responder.

Paramos em frente a uma porta bege decorada com o símbolo do hospital e o número do quarto, cento e dois.

— É aqui — falou, com pena no olhar. — Você não pode ficar por muito tempo, tudo bem? No máximo, dez minutos. Mas, durante seu tempo, converse com ela. Algumas pessoas acreditam que pessoas que estão neste estado ainda podem ouvir, pois o cérebro ainda está ativo.

Abri a porta e a fechei atrás de mim, tentando fazer o mínimo de barulho possível, assim que entrei no quarto. Havia uma poltrona branca ao lado da cama, que ficava no centro do quarto.

Aproximei-me de Olivia. Meu coração afundou em meu peito. Ela estava coberta com um lençol branco até a cintura, havia muitos fios ligados ao seu coração, longos fios transparentes de soro conectados às suas veias e um aparelhinho plugado em seu dedo indicador que media sua frequência cardíaca.

Havia alguns hematomas roxos em suas duas bochechas e um longo corte na lateral de sua testa, fechado em pontos. Apesar de tudo, Olivia parecia normal. Tinha a aparência de quando estava dormindo, serena, tranquila e linda. Seu lábio inferior estava machucado, mas ainda havia a sombra de um sorriso nele. Seu cabelo estava meio bagunçado, porém, continuava sendo da maneira como era pela manhã, quando ela ainda estava rindo de verdade.

Sentei-me na poltrona e aproximei-me da cama. Passei os dedos pelos cabelos de Olivia, ainda estavam macios, e segui com cuidado pelas suas bochechas, as quais ainda estavam rubras.

Pisquei algumas vezes para espantar as lágrimas. O monitor ao meu lado mantinha os números padrões de uma frequência cardíaca comum. Peguei a mão direita de Olivia e olhei para os pássaros desenhados.

— Olivia — sussurrei.

Ela não se moveu.

— Por favor, não se vá. Eu te amo, Liv.

Enxuguei as lágrimas no lençol da cama.

— Por favor, *fique*.

A enfermeira havia falado sobre pessoas que acreditam que quem está em coma pode escutar, então tentei pensar em coisas que poderia dizer.

— Eu te amo, quero estar com você, para sempre.

Era como se eu estivesse falando sozinho. Olivia não se movia. Apenas seu peito subia e descia ritmicamente, evidenciando sua respiração.

— Preciso ouvi-la falar porque, quando eu a escuto, a droga do meu coração para. Preciso de você, Liv, por favor, reaja.

Os batimentos cardíacos de Olivia se aceleraram no monitor e eu preferi entender aquilo como um sinal de que, de alguma forma, ela realmente podia me ouvir.

— Queria ser como você nesse momento — falei. — Você tem essa fé bonita de que tudo no final vai dar certo. — Fechei os olhos. — Mas eu não consigo fazer isso. Queria não conseguir pensar em perdê-la, mas isso é a única coisa que venho fazendo nas últimas horas.

Não queria dizer mais nada, então peguei meu celular e escolhi uma das músicas preferidas de Olivia, *Blue*, do Troye Sivan.

Meu pai havia dito que deveria ir para o futuro para tentar remediar algo imprevisível. Depois, eu não poderia voltar para o presente, senão arruinaria tudo o que precisei fazer no futuro e o trabalho seria em vão.

Passei todos os dias no futuro tentando entender o que ele havia dito para mim, mas perdi meu tempo pensando em coisas que poderiam ter acontecido *comigo*. Agora, eu não podia consertar o real motivo da minha ida para o futuro.

Não sem interferir nas linhas do tempo.

Se eu voltasse para alguns dias atrás ou, simplesmente, algumas horas, qualquer outro acidente ou imprevisto poderia vir a acontecer com Olivia novamente.

O futuro não é algo a ser compreendido, mas, sim, vivido. Não se tem como saber *o que* vai ou não nos ferir, mas é possível saber *como* aquilo vai afetar a nossa vida.

Tudo o que eu sabia naquele instante era que não queria perder Olivia, mas, acima de tudo, não queria que *ela* se perdesse.

Senti um frio na barriga.

Frio na barriga. Essa era uma porcaria de metáfora. Era mais como um tiro.

Queria que o telhado fosse arrancado e eu fosse sugado pelo espaço.

Soube, exatamente, o que fazer naquele instante. Olivia não podia me conhecer. Havíamos sido feitos para ficarmos juntos, mas toda vez que conseguíamos, alguém se machucava. Eu não me importava em me machucar para tê-la, mas me importava em vê-la machucada por minha causa.

Tateei meus bolsos e peguei a cartela prata de pílulas vermelhas. Escrevi a data que nunca se apagou da minha memória em um papel que estava em cima da mesa de medicamentos e coloquei a pílula na boca.

— Nós não podemos ficar juntos, mas eu continuo amando você.

Um clarão iluminou o quarto e minha visão, então uma lágrima escorreu pelo meu rosto, mas não a enxuguei.

# De novo
17 de junho de 2014

> "Algumas coisas só podem acontecer através do tempo. Elas apenas acontecem – o tempo as transporta."
> (Ariane Sparks, Procura-se)

A chuva fazia com que minha visão turvasse, eu não via nada nitidamente. Meu cabelo e minhas roupas estavam encharcadas e eu não conseguia encontrar uma saída para aquilo.

Abri os olhos, surpreso. Eu realmente havia conseguido me desprender de Olivia. Não estava feliz, mas fazia aquilo por ela.

Olhei em volta e tudo que meus olhos conseguiram ver foi a escuridão. Estava no beco e, agora, eu me lembrava com mais detalhes. Aquele beco era a saída de uma casa de shows, onde eu estava assistindo a um dos shows de uma das minhas bandas preferidas com Ian.

Eu precisava sair dali antes que Olivia me abordasse. Corri até o final do beco escuro com o capuz da minha blusa sobre cabeça por causa da chuva forte.

Sabia o que deveria fazer, mas não *queria*. Isso era um adeus e eu não estava preparado para aquilo. Mas era *preciso*, então reprimi minhas vontades e corri pela rua deserta.

Meu plano era simples, apesar dos contratempos.

Ouvi sapatos de salto alto estalando na calçada. Segui o barulho e vi a silhueta de Johanna, a pessoa que começou toda aquela história. Usava jeans *skinny* e sapatos de salto alto, assim como eu havia escutado. Andei atrás dela, respeitando uma distância de, pelo menos, dez metros.

Notei a presença dos assaltantes assim que viraram a esquina. Eles andavam na mesma direção que eu e Johanna. Quando os saltos dela começaram a andar mais rápido, virei-me na direção contrária e esbarrei nos assaltantes, que gritaram, surpresos.

— O que pensa que está fazendo? — um deles gritou.

— Nada — respondi rápido. — Só errei o caminho.

— Acho que você não errou o caminho. — O outro sorriu.

Só tive tempo de me virar e checar se Johanna já havia saído do campo de visão dos ladrões. Fiquei aliviado quando não a encontrei, mas meu coração quase saiu do meu corpo quando vi Olivia virando a esquina.

— Aqui — falei, tirando meu celular, minha carteira e as três balas que haviam no meu bolso. — Podem levar.

Eu não podia deixar que Olivia se machucasse. Eles não podiam repará-la.

— Acho que não. — O cara de capuz riu, nervoso. — Você nos atrapalhou aqui. Íamos *pegar* aquela coroa.

— Eu não sabia... Me desculpe? — tentei enrolar, para conseguir tempo.

— Me desculpe? Você é *louco*? — perguntou ele, incrédulo, tirando minha carteira e o celular da minha mão com força, me deixando apenas com as três balas.

Neste exato momento, Olivia passou por nós, fazendo meu sangue congelar. Minha respiração estava entrecortada.

E Se...

Vi quando o cara de capuz a seguiu com o olhar, comendo-a com os olhos como se a quisesse para ele e a mostrou para o seu parceiro. Eles estavam prestes a se virar e abordá-la. Poderiam fazer coisas muito piores do que simplesmente assaltá-la.

— Não! — gritei, me jogando em cima do cara de capuz.

Olivia parou de andar e virou-se para onde eu estava. Nossos olhares se encontraram e foi apenas isso. Ouvi o barulho da arma sendo disparada, então caí no chão, com as mãos pressionadas em minha barriga.

Escutei os assaltantes correndo e vi Olivia cobrir a boca com uma das mãos. Minhas pálpebras estavam pesadas e as lágrimas queimavam meus olhos.

— Ah, meu Deus! — gritou Olivia, se aproximando.

Não, não venha aqui, por favor, não podemos...

— Eu vou chamar uma ambulância — ela disse rápido, tirando a jaqueta e a contraindo em minha barriga.

— Não... — sussurrei.

Olivia arregalou os olhos em espanto.

— Você está sangrando muito — falou, com as sobrancelhas arqueadas.

Neguei com a cabeça. Minha mente estava embaralhada.

— Só fique comigo, Liv — murmurei.

— Como...? — assustou-se.

— Me desculpe, Olivia, me desculpe. — Minha voz estava fraca.

— Te desculpar pelo quê? Nos conhecemos?

Dei uma risada fraca, meus olhos queimavam.

— *Eu* te conheço.

Olivia engoliu em seco.

— Agora você ficará bem — falei.

— O que... O que quer dizer? — questionou, confusa.

— Ficará bem *sem* mim — expliquei, fechando os olhos e deixando uma lágrima rolar por minha bochecha.

— Não feche os olhos — ela disse alto, colocando a mão em meu rosto. — Fique comigo.

Respirei fundo, tentando recuperar as forças.

— Sempre — consegui dizer.

Olivia suspirou, aliviada.

— Me ajude com uma coisa — pedi.

Ela me olhou com os olhos atentos, respirando pela boca.

— No meu bolso... — Tossi. — ... uma cartela prateada...

Liv tateou meus bolsos e pegou a cartela.

— Você... Você tem um papel e... — Olhei em seus olhos, para gravar a imagem. — ... uma caneta.

— O quê? Você vai morrer! — ela gritou, nervosa.

Pegou a mochila no chão e tirou um caderno e um estojo. Olivia abriu o caderno e pegou uma caneta mais rápido do que imaginei.

Com dificuldade, peguei a caneta e escrevi a mesma data de antes no papel, enquanto Olivia destacava uma das pílulas vermelhas da cartela.

— Você é louco ou o quê? — Ela levantou os braços. — O que está fazendo?

— Não... Não *podemos* mais nos ver.

Olivia balançou a cabeça, confusa.

— Do que está falando? — Uma lágrima escorreu por sua bochecha. — Por que não podemos nos ver?

— *Eu* não posso mais te ver. Porque cada vez que você está perto de mim, eu... Eu só quero te agarrar e te beijar — foi a única frase completa que consegui dizer.

Olivia não respondeu, apenas abriu a boca para dizer alguma coisa, mas a interrompi.

— Porque quero te ver feliz — sussurrei entre dentes.

A dor em minha barriga se destacou de repente e minha visão começou a escurecer.

Peguei a pílula das mãos de Olivia e a coloquei na boca. Meu coração batia no ritmo de uma música quando o clarão começou a se formar, mas antes de eu ser completamente arrebatado por ele, senti os lábios de Olivia nos meus.

17 de junho de 2014 — 15h da tarde

— Mãe! — eu me ouvi gritar.

Pisquei algumas vezes para clarear a visão. Eu estava em meu quarto antigo, na casa dos meus pais, e ainda tinha dezessete anos. Passei a mão pela barriga... estava *intacta*.

— O que foi, L? — perguntou minha mãe, aparecendo na porta do meu quarto.

— É... — Fechei os olhos e tentei sorrir. — Esquece. Não lembro o que ia te perguntar.

— Tudo bem. — Ela sorriu, deu alguns passos, mas

depois entrou em meu quarto. — Se for sair com Ian hoje à noite, me avise a hora que vai voltar, ok?

Naquele dia eu iria a um show com Ian, mas não *podia* ir. Sabia que se fosse, provavelmente, veria Olivia de novo e não podia correr esse risco.

Mais uma vez.

— Eu não vou — anunciei.

— Ótimo! — Ela riu. — Não acho que aquela casa de shows seja um bom lugar para você frequentar em um dia de semana.

Sorri e me sentei na cama quando minha mãe saiu do quarto.

Eu não tinha outra alternativa que não fosse nunca mais — *nunca* — viajar no tempo. Aquelas pílulas que meu pai havia feito ajudaram muito, de fato, mas tinham dificultado muito minha vida e a de outras pessoas que eu amava.

Desci as escadas e caminhei até a cozinha. Liguei o triturador de lixo, joguei as cartelas prateadas sobre ele e assisti até que fossem trituradas.

Não me importava em ter de viver tudo de novo. Talvez fosse até melhor.

Poderia fazer as coisas darem certo desta vez.

Olhos cor de uísque
27 de setembro de 2015

"SE DUAS PESSOAS FORAM FEITAS PARA FICAREM JUNTAS, EVENTUALMENTE, ACHARÃO O CAMINHO DE VOLTA."
(CHUCK BASS, GOSSIP GIRL)

A verdade é que não volto mais no tempo, nem por um dia. Apenas tento viver cada dia, como se tivesse voltado para este dia. Para curti-lo.

Como se fosse o dia final da minha extraordinária e simples vida.

— E o que aconteceu depois? — perguntei para Ian, que estava sentado ao meu lado, tomando seu café-cheio-de-frescura.

Ele deu de ombros, rindo.

— Não me lembro.

Eu ri, me levantando da mesa para buscar outro café.

— L — chamou Ian —, olha a camiseta daquele cara.

Olhei para onde meu amigo apontava e não consegui conter meu sorriso. O cara da camiseta de quem Ian falava era o próprio Dan.

— Que demais! — tentei parecer entretido. — É daquele *game* que você gosta, não é?

Ian balançou a cabeça, rindo, e voltou-se para seu café. Revirei os olhos.

— Por que você não vai até lá e pergunta para ele em que loja ele comprou? — tentei soar casual.

Meu amigo gargalhou.

— Eu posso comprar pela internet.

— Mas você sabe que, comprando pela internet, vai demorar mais de uma semana até ela chegar, e você vai àquele evento de *gamers* no sábado.

Meu amigo virou-se para me olhar e falou:

— Você é muito chato, cara. — Mas ele se levantou da mesa e caminhou despreocupadamente até onde Dan estava.

Caminhei até a fila do caixa enquanto observava os dois conversando e rindo. Eu sabia que Dan e Ian ainda não tinham se assumido, mas também sabia que, dali a alguns anos, ficariam juntos.

Ainda observando-os, tropecei em alguma coisa e, quando me virei para desviar do objeto no chão, fui atingido por um copo de café quente. Agora minha camiseta azul estava encharcada de café e minha pele ardia por causa da temperatura.

— Ah, eu sinto muito!

Passei as mãos pela camiseta, tirando o excesso do líquido. Afastei a camiseta da pele e notei uma pequena mão, com cinco pássaros pretos voando em uma única direção tatuados no pulso, me ajudar a limpar a camiseta.

Ergui o olhar. Meu coração parou. Olhos cor de uísque, cabelos loiros e *aquele* sorriso.

Olivia.

— Eu sou tão desastrada, me desculpe, é que estou atrasada — ela falou, ruborizada.

Sorri, boquiaberto, sem saber o que fazer.

Olivia colocou o copo de papelão vazio na mesa onde

eu e Ian estávamos sentados antes, pegou um guardanapo de papel e começou a passar pela minha roupa.

— Não tem problema — falei, atrapalhado com as palavras.

Ela me olhou, confusa.

— O café estava quente.

— É, eu percebi. — Ri.

Olivia sorriu.

— Tropecei em alguma coisa no chão. Acho que foi no seu pé. — Gargalhou. — É que estou *mega* atrasada. Estou ajudando a organizar um evento aqui perto.

— É um jantar beneficente? — ousei perguntar.

Ela inclinou a cabeça.

— Como você sabe? — perguntou.

— Minha mãe é a anfitriã — respondi, lembrando-me de que eu e Olivia já havíamos ido nesse mesmo jantar antes.

— Então quer dizer que ainda vamos nos ver — ela deduziu.

Não consegui esconder o sorriso.

— Parece que sim. — afirmei. — Só espero que, das próximas vezes, eu não seja atacado.

— Tenho certeza que das próximas vezes será algum líquido menos quente. — Ela riu. — Me desculpe de novo.

Passei mais de um ano vivendo coisas que já havia vivido antes. Pensei que nunca mais fosse vê-la, no entanto, Olivia estava parada à minha frente, esfregando um guardanapo em minha camiseta nova.

— Por que está me olhando desse jeito? — perguntou ela, tímida.

Eu só conseguia me lembrar de quando eu tentei impedir que meu pai conhecesse Sofia. Consegui fazer com que ela não comparecesse à mesma reunião que ele, mas, no final, eles arrumaram um jeito de se conhecerem. Quando perguntei ao meu pai o que havia acontecido, ele simplesmente falou que talvez aquilo tivesse sido obra do destino.

E agora eu pude entender o que ele havia dito naquela tarde.

Há inúmeras chances das quais podemos desfrutar, mas, normalmente, erramos nas tentativas. Essas chances, também podem ser chamadas de *"e se"*.

Todo dia alguém se pergunta *"e se eu fracassar?"*, *"e se eu não conseguir?"*... Estas são as nossas chances, as chances que temos, mas não percebemos. As nossas dúvidas são as preliminares das chances, os *"e se"*.

E se eu não conseguir? Tente de novo.

E se eu errar? Você consegue na próxima.

E se eu nunca for feliz? A sua chance está aqui, te esperando.

Há muitos *"e se's"* que nos pertencem espalhados por aí, só precisamos correr atrás deles. São chances que não podemos nos dar ao luxo de perder.

E se a vida te der outra chance?

Então use-a. E faça valer a pena.

É pensando nisto, que respondo:

— Só estou feliz por ter te conhecido.

Obrigada!

Este livro não existiria se eu não tivesse o apoio de outras pessoas *super-importantes-para-mim*. Então meus sinceros agradecimentos a:

Meus pais, por fazerem de tudo para eu conseguir realizar meus sonhos. Este livro é para vocês!

À minha equipe beta incrível, que fez comentários maravilhosos e me ajudou em muitas coisas: Lucas Raspante, Grazieli Maximiano, Djenifer Dias, Diana Medeiros e Susana Silva.

À Evelyn Santana, a revisora dos sonhos de qualquer escritora.

Aos meus escritores favoritos, que me inspiram todos os dias, em especial, à Carina Rissi, que é a melhor de todas e me faz querer ser alguém como ela.

Aos meus novos amigos "literários": Renan Merlin, Gabriel Mariano, Lare Barbosa, Martha Ricas, Kate Willians, Célio Vieira, Ricardo (Blade) Chagas e todos os outros escritores da Editora Coerência.

Ao Décio Gomes. Que capa maravilhosa!

Ao Paulo (PH) Henrique, obrigada por me deixar usar seu poema em meu livro. Na época em que li, fui uma das únicas pessoas que o entendeu, mas agora, fiz Olivia explicá-lo para muitas outras pessoas. Em forma de metáfora, lembra?

E aos meus leitores, que fazem minha vida ser mais divertida e mais alegre. Quando publiquei *Procura-se*, eu não fazia ideia de que os teria em minha vida. E vocês, com certeza, são a melhor parte disso tudo.

xoxo, G.

INFORMAÇÕES SOBRE A COERÊNCIA

Para saber mais sobre os títulos e autores da
EDITORA COERÊNCIA,
visite o site **www.editoracoerencia.com.br**
e curta as nossas redes sociais.

Além de informações sobre os próximos lançamentos, você terá acesso a conteúdos exclusivos e poderá participar de sorteios, promoções e eventos.

- www.editoracoerencia.com.br
- facebook.com/editoracoerencia
- @editoracoerencia

Editora Coerência
Rua Pinhancó, 12A
Parque São Rafael — SP — Cep . 08320-350
E-mail: lilian@editoracoerencia.com.br
Tel.: (11) 2011-3113

Não perca a oportunidade de realizar o sonho de se tornar um escritor(a). Envie seu original para o nosso e-mail e publique conosco.